ABBIE HALBERSTADT

M de Mamá

CÓMO SER UNA MADRE EXCELENTE EN CRISTO

La misión de Editorial Portavoz consiste en desarrollar y distribuir productos de calidad —con integridad y excelencia—, desde una perspectiva bíblica y confiable, que animen a las personas a conocer y servir a Jesucristo.

Traducción: Rosa Pugliese

Las cursivas añadidas en los versículos bíblicos son énfasis de la autora.

EDITORIAL PORTAVOZ
2450 Oak Industrial Drive NE
Grand Rapids, MI 49505 USA
Visítenos en: www.portavoz.com

ISBN 978-0-8254-5061-7 (rústica)
ISBN 978-0-8254-7198-8 (Kindle)
ISBN 978-0-8254-7258-9 (epub)

1 2 3 4 5 edición / año 33 32 31 30 29 28 27 26 25 24

Impreso en los Estados Unidos de América
Printed in the United States of America

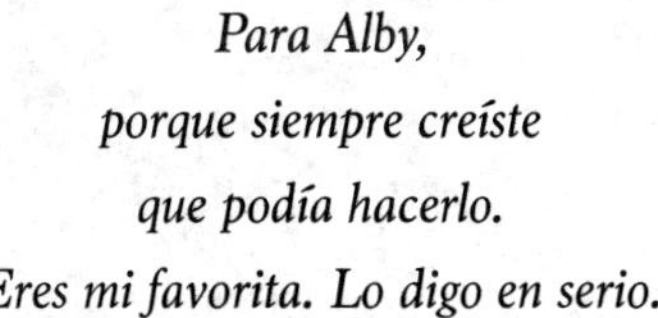

Para Alby,
porque siempre creíste
que podía hacerlo.
Eres mi favorita. Lo digo en serio.

La familia Halberstadt

Shaun y Abbie

Ezra (16)	Theo (7)
Simon (14)	Honor (5)
Della (11)	Shiloh (3)
Evy y Nola (9)	Titus y Tobias (1)

CONTENIDO

Introducción 7

1. La cultura de las madres mediocres 11
2. No hay dos buenas mamás iguales 23
3. "¿Y qué de este?… Sígueme tú". 35
4. ¿Qué es lo que espera de ti el Señor? 47
5. El cuidado personal frente al cuidado del alma 59
6. Cuando somos culpables de la culpa de las madres 73
7. La profesión de madre 85
8. Madres que confían en el Señor 99
9. El reto de la amabilidad 111
10. Instruyamos a nuestros hijos en el camino que deben seguir 127
11. El sistema de recompensas 143
12. Campamento de entrenamiento para padres 155

13. Fomentemos la paz en nuestro hogar 167

14. Somos las guardianas.. 181

15. La educación sexual.. 197

16. No tienes por qué hacerlo todo 211

17. Las emociones no son nuestra verdad............................. 225

Reconocimientos 237

Notas 238

Acerca de la autora 239

INTRODUCCIÓN

Si tienes dos cromosomas X, puedes ser madre. El requisito es tan sencillo que el 50% de la población mundial pasa la prueba de calificación antes de haber respirado fuera del vientre de su madre.

No obstante, la capacidad física para tener hijos no ayuda a mitigar la punzada de pánico que sienten casi todas las madres primerizas cuando les entregan a su pequeño bebé que llora para que se lo lleven a casa apenas unas horas después de haber sido expulsado de su cuerpo. Sujetamos su pequeño cuerpo, con sus frágiles brazos que parecen dos ramitas, a un artefacto de plástico y espuma, y nos preguntamos si debería ser legal conceder a alguien con tan poca experiencia la magna tarea de criar a otra persona desde su nacimiento hasta la edad adulta.

Piénsalo. La gente estudia durante años para llegar a ser higienista dental. Y, sin embargo, está bien que se nos otorgue plena responsabilidad de un ser humano de carne y hueso sin ningún tipo de lecturas obligatorias, certificación, título o curso intensivo.

Y ahí radica el misterio de ser madre.

Se espera que simplemente "sepamos qué hacer", que "nos dejemos llevar por nuestros instintos". Todo de forma natural. Esa oleada de intenso amor maternal, que experimentamos cuando miramos por primera vez a nuestro recién nacido, cubre multitud de pecados, ¿verdad?

Pues sí, y no.

Porque por muy unidas (o no) que nos sintamos a nuestro bebé, lo cierto es que el instinto sirve de poco a la hora de combatir el reflujo silencioso o calmar a un bebé que se niega a prenderse al pecho *o* a tomar el biberón. ¿Y cómo convencer a la dulce niñita, que cree que es divertidísimo despertarse a las tres de la madrugada para acariciarte la cara y jugar, de que es mejor que duerma?

Y luego está el hecho de que solo son bebés durante un abrir y cerrar de ojos antes que, de repente, caminen y hablen y expresen opiniones como "¡Uf!", "¡No!" y "¡Basta!".

Y, una vez más, el juego ha cambiado y enfrentas una serie totalmente nueva de dificultades y alegrías.

Como madre de muchos niños de todas las edades, desde bebés hasta adolescentes, puedo asegurarte que el juego nunca deja de cambiar. Al menos, no en sus particularidades. Siempre habrá alguna nueva dificultad que enfrentar, *ese hijo* que rompe el molde por completo.

Sin embargo, creo firmemente que la Biblia nos ha dado principios claros a seguir en nuestra vida, que pueden hacer que la tarea descomunal de una madre sea mucho menos intimidante y solitaria. Si Eva, Rut, Raquel, Elisabet, María y millones de mujeres más fueron capaces de salir adelante por la gracia de Dios en la complicada tarea de ser madres, nosotras también podemos.

No obstante, debemos estar dispuestas a prestar atención a las palabras de Proverbios 4:6-7: "No la dejes, y ella te guardará; ámala, y te conservará. Sabiduría ante todo; adquiere sabiduría; y sobre todas tus posesiones adquiere inteligencia". Oseas 4:6 lo expresa de forma aún más drástica cuando señala: "Mi pueblo fue destruido, porque le faltó conocimiento". Puede que el mundo no exija oficialmente un título para ser madre, pero cuando desempeñamos esta función con la misma diligencia con que lo haríamos en cualquier otra profesión en la que nos queremos destacar, aumentamos exponencialmente la probabilidad de que no solo sobrevivamos, sino que también prosperemos en un hogar donde reine la paz y no el caos.

¿Y dónde encontraremos esta sabiduría que vale realmente la pena? En Job 12:12 leemos: "En los ancianos está la ciencia, y en la larga edad la inteligencia". Mi fuente predilecta de conocimientos prácticos para madres son esas mujeres piadosas que me han precedido y han puesto a pruebas tantas situaciones diferentes con sus propios hijos. Mi propia madre, que nos crio a mi hermano y a mí. Una preciosa amiga y madre de doce hijos, casi veinte años mayor que yo. Otra sabia madre de tres hijos, que es unos años mayor que yo. Sally Clarkson. Elisabeth Elliot. Ruth Bell Graham.

Todas estas mujeres tienen una cantidad de hijos diferente, y distintas filosofías, personalidades y preferencias como madres. Sin embargo, tienen, al menos, una cosa en común que quiero imitar, algo que toda madre piadosa debería tener: el deseo de "[comportarse] como es digno del evangelio... y en nada [intimidadas] por los que se oponen" (Filipenses 1:27-28). Esto último es tan importante como lo primero porque, en una cultura en que las mujeres celebran cada noche el "haber sobrevivido un día más a sus hijos", habrá muchas que se opongan a la perspectiva de que, con la fortaleza de Cristo, las madres podemos hacer más que sobrevivir.

Y no solo eso, sino que habrá muchas a las que les moleste la perspectiva de la madre que no se centra en las dificultades y la pérdida de "tiempo para mí", sino en los abundantes momentos preciosos de alegría y plenitud que se destacan en medio del panorama cotidiano de la preparación del almuerzo, el entrenamiento para dejar los pañales y la conducta insolente. A veces simplemente necesitamos a alguien que nos recuerde lo impresionante y genial que es ser madres.

Y ahí es donde entro yo. Aún no he cumplido los cuarenta, así que no me considero de "larga edad", pero soy madre de diez hijos. Y me ofrezco voluntariamente para ser tu animadora, tu entrenadora, tu amiga y tu compañera de viaje; pues como dijo el apóstol Pablo, parafraseando, "a todas las madres me he hecho de todo". Porque, aunque todavía no tengo todo resuelto y tampoco soy una experta en todo lo que concierne a la función de madre, he tenido suficiente práctica de algunos de los sabios principios bíblicos que he aprendido de las mujeres que mencioné anteriormente (y de otras) para tener una idea bastante buena de algunas estrategias que son útiles para todas las mamás. Porque es "una verdad universalmente conocida: que un niño con una naturaleza pecaminosa necesita una mamá que ame y busque al Señor". (Lo siento, Jane Austen. Tenía que mencionarlo).

1

LA CULTURA DE LAS MADRES MEDIOCRES

Examinemos las actitudes que nos impiden ser madres excelentes en Cristo

Tengo la sensación de que la frase "madres mediocres" tendrá un efecto polarizador entre las lectoras. Un cierto porcentaje se identificará inmediatamente con esta expresión, al suponer que sabe exactamente a qué me refiero. Puede que tengan razón o puede que no. Otro grupo podría tomar este libro y hojearlo por pura curiosidad. ¿Qué querrá decir esta loca con tantos hijos al referirse a cualquier madre como "mediocre"? Y el último grupo de lectoras probablemente tome este libro con la intención expresa de utilizarlo como leña para el fuego, sin siquiera haberlo leído. ¿Cómo me *atrevo* a insinuar que cualquier madre podría ser menos que una brillante diosa guerrera? Al fin y al cabo, hemos *dado a luz* o *atravesado el fuego por nuestros hijos.* Somos madres. ¡Oigan nuestro *clamor!*

Estoy segura de que he pasado por alto alguna que otra reacción, incluida la de indiferencia absoluta, pero estas son las tres posibilidades más frecuentes que me vienen a la mente, y por eso me siento obligada a explicar claramente lo quiero decir con una frase tan despectiva.

No obstante, primero veamos qué dice el diccionario Merriam-Webster sobre la palabra "mediocre". Describe a alguien o algo como "de calidad, valor, habilidad o desempeño bajo o moderado: ordinario, regular".

¡Ay!, duele, ¿verdad?

No es un estado al que un ser humano quiera aspirar. O, al menos, ninguno *debería* desearlo. Y, sin embargo, es un estado hacia el que puedo deslizarme con demasiada facilidad y hacia el que parece gravitar nuestra actual cultura maternal.

En palabras del inimitable Íñigo Montoya de *La princesa prometida*: "Te lo explicaré".

Por qué sentirte identificada con algo no significa que eso sea confiable

Mi blog requiere que pase tiempo en las redes sociales y que interactúe principalmente con otras madres. Y, como seguramente sabe cualquiera que haya pasado dos minutos en Facebook o Instagram, las redes sociales están llenas de memes. Sobre todo, memes sobre las madres.

Uno en particular me ha calado hondo durante años. Dice más o menos así:

Dios: ¿Cómo crees que te va como madre?

Yo: Bueno, les he dado de comer pizza a mis hijos casi todas las noches de esta semana, y sé que debería leerles, pero no me gusta, así que a menudo no lo hago. Llevo puesta la misma ropa hace tres días y no recuerdo la última vez que me lavé el pelo. Me gustan nuestras charlas durante la cena, pero estoy muy preocupada, así que la mayor parte del tiempo pienso en cosas que me estresan en lugar de escuchar de verdad cuando mi hija me cuenta su día, y creo que ella se da cuenta. La mayoría de los días estoy demasiado agotada por la tarde para hacer otra cosa que no sea ver Netflix mientras me tomo un par de copas de vino, y después me acuesto demasiado tarde, así que cuando me despierto por la mañana para volver a hacer todo otra vez, reacciono de manera gruñona con mis hijos.

Dios: ¿Pero los amas?

Yo: Con todo mi corazón.

Dios: Me pareces una madre maravillosa.

Dejemos de lado la ficticia "conversación con Dios" de este meme y examinémoslo más en detalle, ¿de acuerdo?

Algunas cosas no me importan en absoluto (puede que tú pienses lo contrario). En primer lugar, tu ropa de tres días. Si no hueles mal y no te has encontrado con la misma persona todos los días (ya sabes, aparte de tus hijos y tu marido), probablemente puedas darte ese permiso. Dios sabe que me he puesto el mismo top y los mismos vaqueros (y los mismos pantalones de pijama y la misma camiseta) un par de días seguidos porque no estaban tan sucios como para echarlos a la cesta de la ropa sucia. Además, en cuanto a lo del pelo sin lavar, como alguien con cabello rizado que se lo lava una vez a la semana *como mucho*, no te estoy lanzando ninguna indirecta. A menos que tengas la cabeza grasienta, en cuyo caso, chica, lávate el pelo.

Las cosas empiezan a ponerse un poco feas para mí con el asunto de darles de comer pizza repetidas veces. Y no porque no me guste una buena pizza de vez en cuando. Tampoco soy una fanática de lo orgánico, los corazones de cáñamo o la kombucha (aunque las tres cosas pueden ser excelentes opciones de vida); pero creo que nosotras, como las que brindamos el sustento, deberíamos hacer un esfuerzo en este sentido. La salud de nuestros hijos es un asunto importante, y una dieta constante de pizza (o *nuggets* de pollo o macarrones con queso de caja) no les ofrece los nutrientes que sus cuerpos y cerebros necesitan para crecer sanos.

A partir de este punto, el meme deja de tener sentido para mí. Y *no* es porque no me sienta identificada con el hecho de no disfrutar especialmente de ciertas actividades con mis hijos, de preocuparme demasiado, de escuchar demasiado poco a mis hijos o de no querer hacer nada más que vegetar en el sofá todas las noches.

Porque sí me siento identificada.

Creo que todas esas son respuestas escapistas perfectamente normales al agobio que pueden causar las labores de una madre. Y son las primeras puertas que mi cuerpo cansado quiere cruzar cuando me dan la opción de elegir. Sin embargo, esta es la cuestión: solo porque me sienta identificada con algo no significa que no sea mediocre.

Solo porque me sienta identificada con algo no significa que no sea mediocre.

En realidad, el hecho de sentirnos identificadas con algo puede ir mucho más allá de la mediocridad y caer en la mezquindad más absoluta. Otro meme que encontré decía algo parecido a esto: "No eres una madre de verdad a menos que hoy le hayas enseñado el dedo medio a tu hijo de tres años a sus espaldas". En virtud de los cientos de respuestas afirmativas y entusiastas, no pude evitar llegar a la conclusión de que se trataba de un sentimiento muy familiar para el público de este foro (que, probablemente, estaba compuesto de madres de al menos un niño de tres años).

El caso es que hasta ahora he criado a ocho niños de tres años y, aunque "enseñarles el dedo medio" no es algo que haría, no puedo negar la ira pecaminosa que me ha invadido a veces por las acciones de un pequeño ser humano que hace poco ha dejado de usar pañales.

Es ridículo (quiero decir, nosotras somos las personas adultas en esta escena), pero también nos resulta familiar. Por eso creo que debo repetirlo: Aunque a veces sea útil, sentirse identificada no es la regla de oro para las madres.

Y el mismo hecho de que nos podamos identificar es, con demasiada frecuencia, la raíz podrida del argumento que dice: "Si tantas madres también se sienten así, debe ser correcto y verdadero".

Gracias a Dios tenemos su Santa Palabra, la Biblia, para combatir este tipo de razonamientos. El mismo Pablo, el "superapóstol", señala: "Y yo sé que en mí, esto es, en mi carne, no mora el bien; porque el querer el bien está en mí, pero no el hacerlo. Porque no hago el bien que quiero, sino el mal que no quiero, eso hago" (Romanos 7:18-19).

¡Cuánto me identifico con eso! (¿Cuántas veces me he lamentado mentalmente de mi incapacidad para resistirme a ese panecillo de canela o a ese bol de helado que *sé* que en realidad no necesito?) Solo me salva una base sólida de verdad. El primer meme que mencioné expresa una especie de desilusión (casi un deseo de que la madre de la escena *pudiera* ser mejor madre) y luego termina con un gesto de conformismo (y un "pues, está bien" de Dios) que

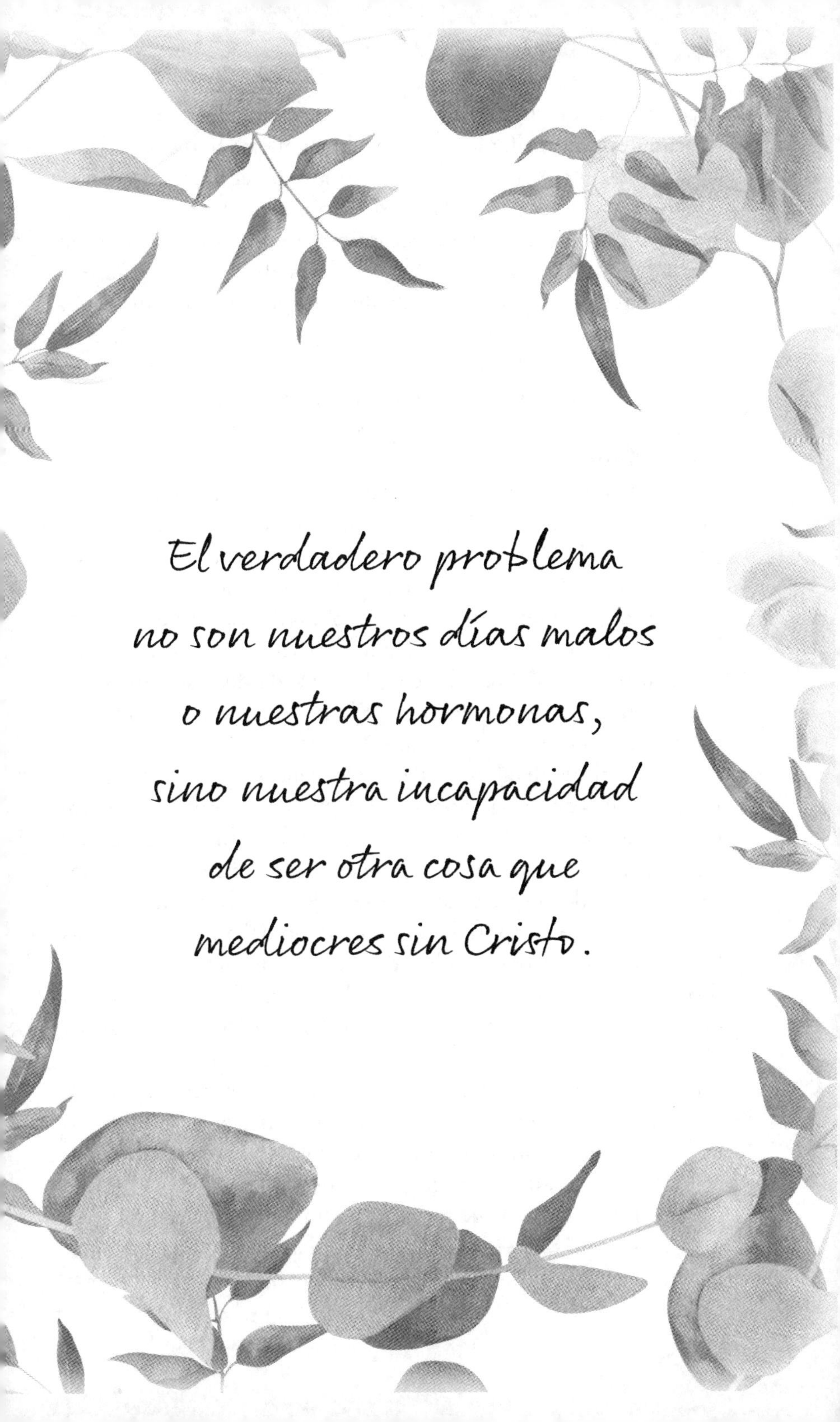

El verdadero problema
no son nuestros días malos
o nuestras hormonas,
sino nuestra incapacidad
de ser otra cosa que
mediocres sin Cristo.

expresa "es lo que hay". Y el segundo meme está lleno de ira y una actitud desafiante. Sí, mi actitud hacia mi propio hijo es de rabia e impaciencia, pero ¿y qué? Todo el mundo se siente así.

Nadie reconoce que la verdadera raíz del problema son nuestras propias tendencias pecaminosas como madres. Porque el verdadero problema no son nuestros días malos, nuestras hormonas o nuestras comprensibles respuestas de cansancio. ¿El verdadero culpable? Nuestra incapacidad de ser otra cosa que mediocres sin Cristo.

Claro que podemos sobrevivir un día, una semana, un mes o incluso un año en nuestras propias fuerzas, pero sin la obra del poder transformador de Cristo en nuestra vida, inevitablemente volveremos a caer en nuestros patrones de complacencia o ira. Porque, como señala Filipenses 2:13, "Dios es el que en vosotros produce así el querer como el hacer, por su buena voluntad". La más disciplinada de nosotras puede ser capaz de mantener una fachada de planificación y control la mayor parte del tiempo, pero la verdadera excelencia, la que proviene de una mente y un corazón renovados, solo fluye de la punzada del Espíritu Santo en nuestra conciencia y de lo que Efesios 5:26 describe como "el lavamiento del agua por la palabra".

Yo experimenté tal punzada de conciencia cuando estaba con los malestares de cansancio y náuseas durante el primer trimestre de mi embarazo de Honor. Nos acercábamos a una boda familiar y esperaba encontrar el vestido adecuado para disimular mi incómoda figura de la que todos piensan "¿está embarazada o no?". El vestido no me importaba tanto como lo daban a entender las horas que pasaba navegando por Internet. Era el momento de distraerme de las penurias de mi embarazo lo que ansiaba. Sabía que debía leer la Biblia con el mismo fervor con el que buscaba vestidos en oferta y que debía irme a la cama a una hora recomendable para tener la energía que necesitaban mi bebé y mis otros hijos. Sin embargo, insistía obstinadamente en mi derecho de "despejarme" cada noche después que los niños se hubieran ido a la cama. Aunque decía dentro de mí, a la defensiva, que ese era "mi tiempo" y que mi escapada mental nocturna no afectaba a nadie más, el Señor escudriñaba suavemente mi obstinado corazón. Me recordó que, aunque buscar precios para comprar

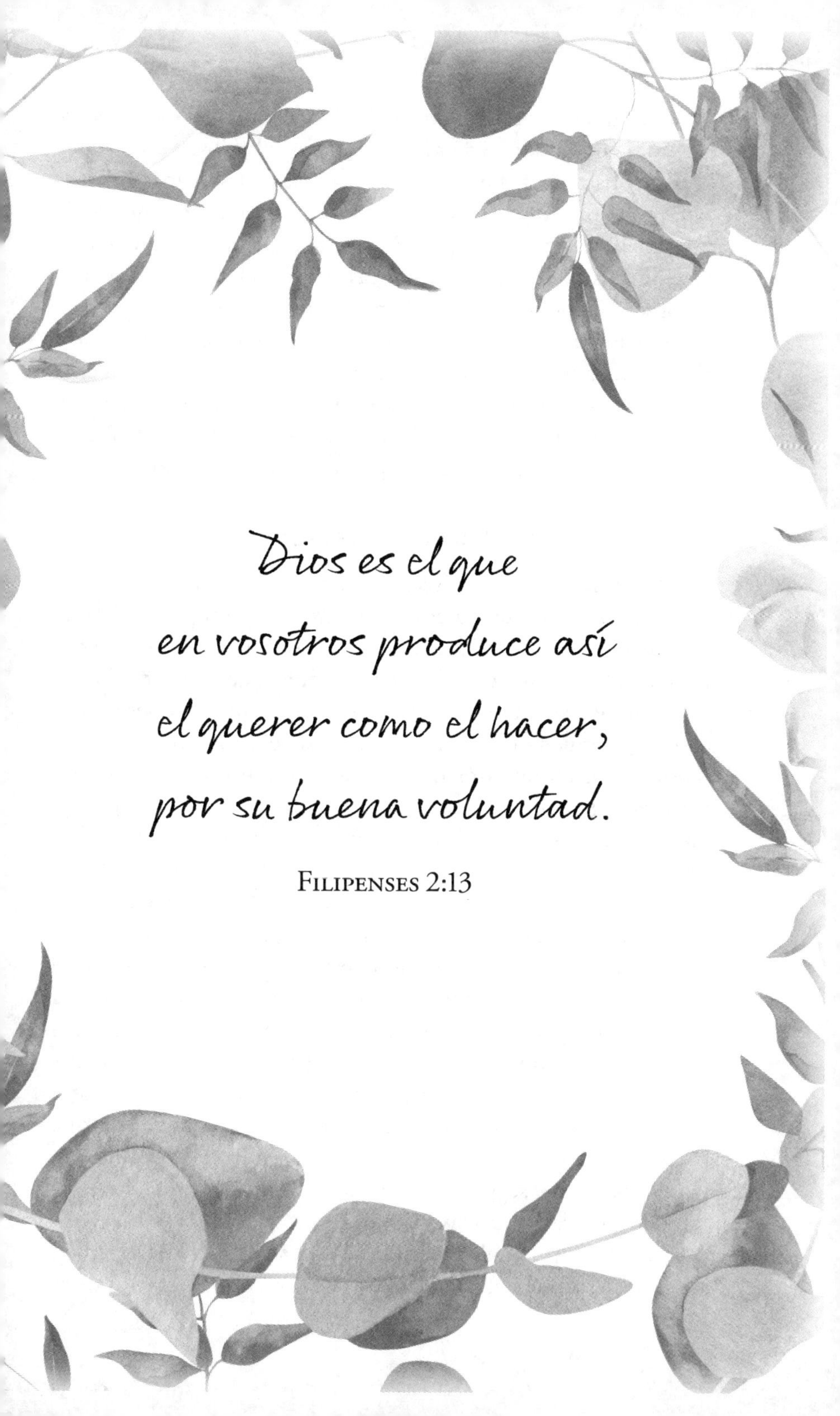
Dios es el que
en vosotros produce así
el querer como el hacer,
por su buena voluntad.
Filipenses 2:13

un vestido de fiesta no es ser mediocre, dedicarme a eso en detrimento de mi familia o de mi relación con Él sí lo es.

Estoy bastante segura de que la mayoría de las mamás embarazadas han compartido mis sentimientos de escapismo cargados de hormonas, al menos un poco. Entonces, ¿qué estoy proponiendo? Si sentirnos identificadas con otras madres es mediocridad (no siempre lo es, por cierto), ¿qué estamos llamadas a ser exactamente como madres? ¿Se trata de una especie de competencia para recibir elogios? ¿Estamos llamadas a ser una generación de madres luchadoras con el cabello perfecto (no), niños pulcros (¡no, qué va!) y momentos de quietud con el Señor dignos de Instagram (¡ja!)?

¿Te das cuenta de que mi respuesta es mil veces "no"?

Una semejanza sagrada

De hecho, en lugar de hacer de esto una cuestión de ser mejor o diferente de cualquier otra madre, estoy proponiendo que busquemos la conformidad, pero no la conformidad con nuestra norma cultural. Si eso es lo que buscamos, puede que descubramos que nos adaptamos muy bien y que siempre podemos encontrar a alguien que justifique nuestros defectos o que nos haga sentir mejor en nuestros días malos. Pero, al final de todo, no habremos descubierto que nos asemejamos mucho más a Jesús o que nos sentimos más en paz con nuestra función de madres. La única manera de lograr un cambio real —el que produce alegría y satisfacción duraderas— es buscar lo que Romanos 8:29 llama conformarnos a la imagen de Cristo.

Se supone que *todas* debemos ser como Cristo, una especie de semejanza sagrada que nos une en lugar de dividirnos. Los fundamentos para conformarnos a la imagen de Cristo son iguales para todas nosotras: el arrepentimiento, la salvación, las Escrituras, la oración, el amor al Señor nuestro Dios y el amor a nuestro prójimo como a nosotras mismas. Sin embargo, la forma particular en que expresamos nuestra devoción a Él será diferente para cada mamá, según su temperamento, trasfondo sociocultural, personalidad, recursos y dones.

En esta era digital, tenemos acceso a lo que *parece* ser un asiento en primera fila para observar la vida entera de otras personas: sus hijos, sus vacaciones, los libros que leen, la ropa que usan. Es tentador ver lo que hacen los demás y equivocarnos en uno u otro espectro de la comparación. O nos sentimos superiores cuando observamos que alguien tiene dificultades en un área en la que nosotras nos destacamos, o bien empezamos a dudar de nuestros propios dones cuando vemos a alguien a quien parece irle muy bien. Pensamos: "Yo no soy artística ni creativa. Así que no puedo ser una madre tan cautivadora como Willow. Mira todos los increíbles proyectos prácticos que hace con sus hijos". O "No soy organizada como Susy. Seguro que mis hijos estarían mejor si tuviera más recipientes etiquetados en la despensa".

Por supuesto, la verdad es que, aunque *todas* hemos sido creadas a imagen de Dios, en su gracia, Él nos ha concedido diferentes aspectos de su naturaleza, y ahí es donde termina la semejanza. Y ¡alabado sea el Señor por ello! El mundo sería un caos si todo se tratara de proyectos artísticos y nada de organización. Del mismo modo, sería un lugar muy aburrido si solo se hicieran etiquetas para recipientes y no se diera lugar al juego libre y creativo.

Es posible ser una madre excelente en Cristo a través de una infinidad de caminos bíblicamente sólidos. Es una noticia liberadora. No tenemos que ser esclavas de la cultura de las madres mediocres que dicen: "Hoy fui un desastre como madre. ¿Tú también?". No tenemos que encontrar nuestra identidad en chocar los puños en solidaridad con otras madres igual de agotadas. Chocar los puños es genial y el agotamiento es real. Y no hay nada de malo en reconocer que es difícil y buscar aliento.

No tenemos que ser esclavas de la cultura de las madres mediocres que dicen: "Hoy fui un desastre como madre. ¿Tú también?".

Sin embargo, cuando nuestro objetivo es nuestra validación en lugar de Cristo, al final nos hundimos en el fango del egocentrismo y, con demasiada frecuencia, de la autocompasión. Jesús nos extiende la mano para ayudarnos a ser madres excelentes y libres, al darnos la capacidad de intentar serlo a través de las fortalezas (y las debilidades) únicas con las que nos ha bendecido. La enseñanza bíblica sobre las madres nos anima a mirar fuera de nosotras mismas y prestar atención a nuestros hijos, nuestros hogares, nuestros maridos, nuestras amigas y nuestras comunidades en general, y encontrar maneras de superar la mediocridad y levantarnos el ánimo las unas a las otras en la búsqueda mutua (y, sin embargo, gloriosamente variada) de la rectitud.

Nota: Como madre ocupada, sé que muchas veces he leído un capítulo de un libro e incluso he estado de acuerdo con él, solo para sumergirme de inmediato en otra tarea sin procesar por completo lo que acabo de leer. Quería ofrecerte algo que ayudara a tu cerebro a seguir meditando en lo que has leído mientras sigues con tus responsabilidades diarias. Por eso, al final de cada capítulo, he incluido algunas conclusiones (denominadas "El reto"), algunos pasos a seguir, preguntas para la reflexión personal y una oración. Espero que estas herramientas te ayuden a asimilar la información y aplicarla a tu vida.

EL RETO

MADRE MEDIOCRE	MADRE EXCELENTE EN CRISTO
Se regodea en las luchas, lo que le provoca ira o apatía prolongadas.	Reconoce sus dificultades, pero se apoya en el Señor para obtener fuerzas y dirección.
Ve a la comunidad como una fuente de autoafirmación.	Ve a la comunidad como una fuente de aliento y sabiduría.
Busca aprobación para ser mediocre.	Busca "ser mejor madre" a través de Cristo.

PASOS A SEGUIR

- Memoriza y medita en Proverbios 11:14: "Donde no hay dirección sabia, caerá el pueblo; mas en la multitud de consejeros hay seguridad".

- Haz una lista de tres mamás excelentes en Cristo a las que podrías acudir en busca de ayuda y orientación.
- Deja de seguir cuentas en las redes sociales que glorifiquen y den *glamour* a la insolencia, la desesperanza o la abdicación de la responsabilidad de ser madres.

PREGUNTAS PARA LA REFLEXIÓN PERSONAL

¿Estoy usando las Escrituras como mi norma para ser una madre excelente?

¿Me siento validada cuando veo a otras madres que luchan (y fallan) en las mismas áreas que yo?

¿Estoy dispuesta a hacer cambios en mi actitud y comportamiento cuando el Espíritu Santo me trae convicción de pecado?

ORACIÓN

Señor, gracias por dar sabiduría en abundancia y sin reproche a todos los que te la piden (Santiago 1:5). Ayúdanos a dirigirnos a ti cada día en cada área de nuestra vida, incluso en nuestra labor de madres, reconociendo que la conformidad a Cristo es infinitamente mejor que adaptarnos al mundo.

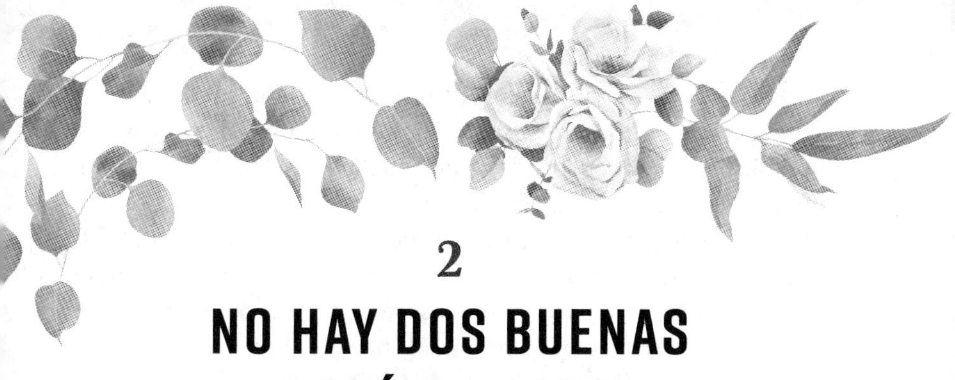

2

NO HAY DOS BUENAS MAMÁS IGUALES

Dejemos de compararnos y aceptemos nuestros dones en Cristo

Organizo un grupo de entrenamiento personal en mi casa para un conjunto de mamás que se han convertido en algunas de mis más queridas amigas y almas gemelas. He sido instructora de *fitness* durante quince años, pero, al parecer, este grupo surgió por casualidad (aunque ahora puedo ver claramente que fue la mano de Dios). Hace varios años, durante un viaje de mujeres a Joanna Land (también conocida como Magnolia) con algunas nuevas amigas de una iglesia a la que habíamos empezado a asistir recientemente, escuché a varias de ellas expresar su deseo de entrenar con regularidad. Sin embargo, las cuotas del gimnasio eran prohibitivas para algunas, otras necesitaban una guardería, y a todas les faltaba la motivación personal. De repente, me vino una idea a la cabeza y, antes que pudiera evaluarla a fondo, dije: "Si ofreciera mi casa para dar clases, ¿alguna de ustedes estaría interesada en venir?". Y casi todas respondieron inmediatamente: "¡Sí!".

Una hermandad de aliento

Y así comenzó nuestro grupo de entrenamiento en casa, al que asisten hasta diez mujeres (y *todos* sus hijos), pero con un sólido grupo central de cinco. Ha sido una de las mayores bendiciones de mi vida en los últimos años. Todas hemos llegado a conocernos y amarnos más, mientras sudamos, almorzamos, organizamos encuentros para que jueguen juntos nuestros hijos y perseguimos a los bebés. *Juntas.* Todas estas mujeres representan mis fervientes plegarias en personas de carne y hueso: la respuesta encarnada a años de suplicas a Dios por una auténtica comunidad. (Fueron muchos *años*, amiga. Si todavía estás orando por este tipo de hermandad, no te rindas).

Sin embargo, ¿sabes qué es lo que más me gusta de este grupo? No hay dos de nosotras iguales. Dos son mamás de tres hijos que asisten a la escuela pública. Dos de nosotras, una mamá con cuatro hijos y yo, escolarizamos a los niños en casa. Una tiene hijos que van a una escuela privada, aunque su marido es director de una escuela pública. Algunas vacunamos a nuestros hijos, otras no. Algunas bañamos a nuestros hijos con aceites esenciales, y otras piensan que eso es pura charlatanería. No obstante, *nunca* hemos discutido sobre la "mejor" manera de criar a nuestros hijos, de tratar sus enfermedades o de corregir su actitud. Lo digo en serio. Hemos compartido estrategias, hemos orado las unas por las otras, y hemos aprendido las unas de las otras; pero nunca nos hemos enfrentado, porque sabemos que cada una de nosotras ama absolutamente a sus hijos y desea lo mejor de Dios para ellos. También reconocemos que cada una de nosotras tiene fortalezas y debilidades específicas que nos ayudan a sobresalir en ciertas áreas y nos limitan en otras. Es un hermoso ejemplo de Hebreos 10:24-25, que dice: "Y considerémonos unos a otros para estimularnos al amor y a las buenas obras; no dejando de congregarnos, como algunos tienen por costumbre, sino exhortándonos; y tanto más, cuanto veis que aquel día se acerca".

Este espíritu de camaradería y aliento es poco común, incluso entre auténticos cristianos. Como alguien que oró intensamente por este tipo de grupo de apoyo debido a las comparaciones y las relaciones llenas de competencia en mi pasado, puedo atestiguar personalmente de la alegría y la libertad que proviene de ver a otras mujeres cumplir su propio y singular llamado como madre.

Y puesto que nos preocupamos por los intereses de las demás, no dudamos en felicitarnos mutuamente por las cosas que hacemos bien. Recuerdo que recibí un mensaje de texto de una mujer del grupo que llegó en el momento perfecto. Estaba embarazada de veintitrés semanas de Titus y Tobias, y me sentía cansada y en un estado de desequilibrio hormonal. Habíamos tenido una semana inusualmente ajetreada llena de mandados y citas, y la ropa sucia se acumulaba mientras mis inodoros estaban cada día más sucios. Nada hizo que esta realidad calara más hondo en mi mente que los pisos relucientes y los zócalos inmaculados de la casa de una amiga que visitamos esa semana. Aunque sabía que ella tenía ayuda externa para la limpieza (y yo, no) y aunque es una amiga muy querida a la que admiro mucho, estaba permitiendo que las emociones de mi estado de desequilibrio hormonal me arrastraran al pozo de la comparación. "¿Qué te pasa, Halberstadt?". (No estoy segura de por qué a veces me refiero mentalmente a mí misma por mi apellido como un entrenador de fútbol malhumorado). "¿Por qué no puedes ponerte las pilas y tener todo siempre tan impecable como ella?".

Había algunas respuestas obvias más allá de la señora de la limpieza. Ella no estaba embarazada de gemelos. Tiene menos hijos y una casa más pequeña. Sabía que tendría visitas en su casa, así que comparar su estado de "disposición a disfrutar de compañía" con mi "desorden de mitad del día" era injusto. Además, tiene una personalidad meticulosa, ordenada y amante de la limpieza (y cuenta con una increíble pasión por la hospitalidad). A mí me gusta tener la casa limpia y me esfuerzo por mantener el orden, pero no es algo que me salga de forma natural. Tengo que esforzarme; ella no puede dejar de hacerlo.

En resumen, ella y yo somos personas diferentes. Hay muchas cosas que puedo aprender de su ejemplo, pero no puedo intercambiar personalidades con ella, ni debo querer hacerlo, ya que es una afrenta a la forma particular en que Dios me ha creado.

No obstante, volvamos al texto pertinente que ya mencioné. Después de una de nuestras sesiones de ejercicios en mi casa, una asistente habitual me envió este mensaje: "Por si no te lo he dicho últimamente, estar en tu casa es siempre tan refrescante, que, realmente, suspiro de alivio cuando entro en tu casa. Gracias por ser tan hospitalaria".

Un comentario muy amable, ¿verdad? Y una confirmación de la hospitalidad que yo *sabía* que el Señor quería que tuviéramos en los dos años que pasamos construyendo esta casa con nuestras propias manos mientras criábamos a nuestro batallón de criaturas. Inmediatamente, sentí que mis tensiones ridículas por no estar a la altura de las normas de la casa reluciente de mi amiga se desvanecían. El Señor todavía puede usar mi casa para bendecir a otros, aunque haya restos de jabón acumulado en la ducha y platos en el fregadero.

Pasemos por la puerta estrecha del llamado que Dios nos ha hecho

A la inversa, no puedo decir cuántas veces he recibido un mensaje, a través de uno de los canales de mi blog, que expresa desesperación por no estar nunca a la altura de *mis* normas. "Me siento muy abrumada con dos niños, y tú haces que parezca tan fácil tener cinco veces más", me dicen. O "no sé *cómo* encuentras tiempo para hacer ejercicio además de todo lo que tienes que hacer".

El caso es que yo soy una de esas personas raras a las que les encanta hacer ejercicio. Es vivificante. También me ayuda a tener más energía y una mejor actitud con mi familia. Estoy dispuesta a levantarme temprano para hacerlo (doy clases de gimnasia antes de las seis de la mañana) o soportar inconvenientes para conseguirlo (hice muchas sesiones de *kickboxing* en mi casa mientras me agachaba y zigzagueaba alrededor de tres o cuatro niños pequeños como si fuera una especie de Bruce Lee menos genial en una de sus famosas escenas de "peleas callejeras"). Sin embargo, eso no significa que otras cosas no me parezcan demasiado para soportar. Así que esto es lo que les digo a estas preciosas, asustadas y desanimadas mamás: "Todo lo que me ven hacer bien es el resultado de una inclinación natural de mi personalidad, o bien años en los que el Señor ha moldeado mis debilidades hasta convertirlas en algo que se asemeja más a la forma única en que me ha diseñado para reflejar su imagen".

Dios aún no ha terminado conmigo, y sé que contigo tampoco. Búscalo. Pídele que te muestre cómo emplear mejor tu tiempo. Sigue sus indicaciones, aunque no sean tus favoritas. Incluso cuando sea difícil. Porque difícil no es lo mismo que malo. (Leerás esta frase más de una vez en este libro). Verás crecimiento. Verás progreso. Él te sostendrá en medio de todo este proceso. Nunca compares tu comienzo o tu progreso con el de *nadie más*. Lo que significa ser una buena mamá no es lo mismo para todo el mundo.

Nunca compares tu comienzo o tu progreso con el de nadie más. Lo que significa ser una buena mamá no es lo mismo para todo el mundo.

Tal vez el Señor te ha dado pasión por recortar cupones (me da dolor de cabeza), cultivar una huerta como pasatiempo (mucho trabajo) o ser mentora de mujeres más jóvenes (¡*esto* sí que me encanta!). Tal vez escribir un blog te parezca totalmente abrumador, pero hornear pan para ofrecer a tus vecinas, no. Tal vez el voluntariado no sea factible, pero ser una guerrera de oración sí.

> Porque así como el cuerpo es uno, y tiene muchos miembros, pero todos los miembros del cuerpo, siendo muchos, son un solo cuerpo, así también Cristo. Porque por un solo Espíritu fuimos todos bautizados en un cuerpo, sean judíos o griegos, sean esclavos o libres; y a todos se nos dio a beber de un mismo Espíritu. Además, el cuerpo no es un solo miembro, sino muchos. Si dijere el pie: Porque no soy mano, no soy del cuerpo, ¿por eso no será del cuerpo? Y si dijere la oreja: Porque no soy ojo, no soy del cuerpo, ¿por eso no será del cuerpo? Si todo el cuerpo fuese ojo, ¿dónde estaría el oído? Si todo fuese oído, ¿dónde estaría el olfato? Mas ahora Dios ha colocado los miembros cada uno de ellos en el cuerpo, como él quiso. Porque si todos fueran un solo miembro, ¿dónde estaría el cuerpo? Pero ahora son muchos los miembros, pero el cuerpo es uno solo (1 Corintios 12:12-20).

"Beber de un mismo Espíritu" puede sonar un tanto místico, pero en realidad lo que significa es que, como madres cristianas, todas recibimos nuestras instrucciones, por muy variadas que sean en sus particularidades, de la misma fuente. Si eres creyente, las únicas "personas" que realmente tienen que aprobar

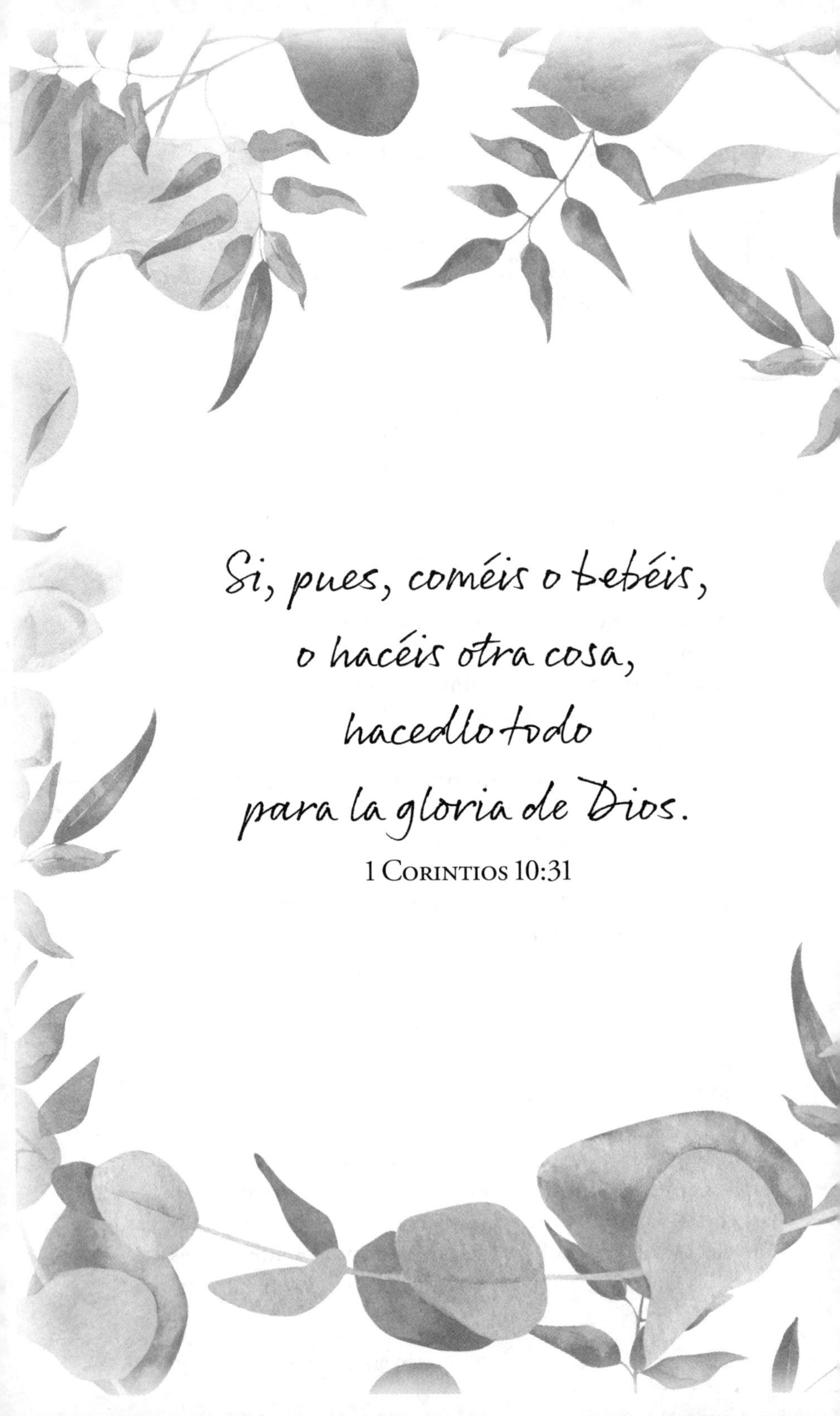

Si, pues, coméis o bebéis,
o hacéis otra cosa,
hacedlo todo
para la gloria de Dios.

1 Corintios 10:31

tu función de madre son Dios Padre, su Hijo Jesús y el Espíritu Santo. Así que, cuando nos sintamos tentadas a autoflagelarnos porque no podemos encontrar tiempo para hacer kombucha o masa madre casera como hace nuestra vecina, recordemos que si comemos o bebemos, o hacemos otra cosa, lo hagamos "todo para la gloria de Dios" (1 Corintios 10:31).

Jill Churchill, escritora de novelas de misterio, pronunció la frase: "No hay forma de ser una madre perfecta, pero sí un millón de formas de ser una buena madre". No es ningún misterio que sea una mujer inteligente. Por supuesto, no tenemos más que escuchar a una madre quejarse en el supermercado, observar una conversación tóxica y llena de celos entre dos madres o, como dije en el último capítulo, echar un vistazo a las cuentas más populares de las redes sociales para descubrir cuántas maneras hay de ser una madre mediocre.

No poder encontrar tiempo para hacer ejercicio a diario no te convierte en una madre mediocre. Ser una cocinera poco creativa no te convierte en una madre mediocre. Levantarte tarde no te convierte en una madre mediocre.

En cambio, ¿remolonear? ¿Quejarnos? ¿Participar en "guerras de mamás" donde nos criticamos unas a otras por la manera de criar a nuestros hijos? ¿Ignorar el llamado que Dios nos ha hecho?

Todas estas son señales de advertencia que nos avisan que estamos sucumbiendo a la presión de ajustarnos a las normas mediocres del mundo en lugar de ajustarnos a las normas excelentes de Dios. Este camino puede proporcionarnos breves destellos de justificación ("Al menos yo no estoy haciendo *eso*" o "Mira, ella está luchando con lo mismo"), pero nunca nos dará la continua seguridad de que estamos yendo por el camino estrecho, el único que promete darnos *vida*.

Fue Jesús mismo quien nos mandó "[entrar] por la puerta estrecha; porque ancha es la puerta, y espacioso el camino que lleva a la perdición, y muchos son los que entran por ella; porque estrecha es la puerta, y angosto el camino que lleva a la vida, y pocos son los que la hallan" (Mateo 7:13-14).

Sé que este es un versículo sobre la salvación, pero no creo que lo esté sacando *demasiado* de contexto para aplicarlo también a la forma en que permanecemos en esa salvación por el camino de la rectitud.

Tal vez ya te habrás dado cuenta de que no creo que todas y cada una de las "puertas estrechas" de la función de madre lleven estampadas las mismas iniciales. De hecho, si no lleva tu nombre, te animo a que sigas caminando sin siquiera mirar en esa dirección. Sin embargo, cuando encuentres tu puerta, debes pasar por ella y mantener el rumbo. Ser madre es mucho más que afirmaciones tranquilizadoras de que no hay una forma incorrecta de serlo (alerta de *spoiler*: sí la hay). Ese discurso ha sido la perdición de muchas madres bienintencionadas y cansadas, y por eso no puedo ignorar lo peligrosamente falso que es.

Ser madre es mucho más que afirmaciones tranquilizadoras de que no hay una forma incorrecta de serlo (alerta de spoiler: sí la hay).

De hecho, Santiago 4:17 señala: "al que sabe hacer lo bueno, y no lo hace, le es pecado". Increíble. ¿Estoy diciendo que la *inacción* puede ser pecado? Sí. Cuando el Señor nos lleva hasta nuestra propia puerta estrecha adornada con nuestro nombre resaltado en negrita y, al mirar más allá, vemos algunos cráteres en el camino y pensamos: "No, estoy bien, Señor. Gracias, pero me quedaré aquí en mi lugar cómodo", estamos literalmente cometiendo pecado.

En otras palabras, cuando dije que no encontrar tiempo para hacer ejercicio no te convierte en una madre mediocre, era verdad, *a menos* que tengas la convicción del Señor de que tu salud debe ser una prioridad. Lo mismo ocurre con las comidas, la hora de acostarse y levantarse, cómo nos vestimos, con quién pasamos el tiempo, y la lista continúa. Si el Espíritu Santo susurra "hazlo mejor" a nuestros oídos, no importa cuántas veces o de cuántas maneras dejemos de prestarle oído. No importa que las demás *no reciban* el mismo mensaje. Nunca tendremos paz hasta que abordemos esas áreas de crecimiento. Y cualquier cosa que logramos que se parezca a la paz mientras ignoramos la suave insinuación del Espíritu de Dios será una

Si el Espíritu Santo
susurra "hazlo mejor"
a nuestros oídos,
no importa que las demás
no reciban el mismo mensaje.

falsa sensación de comodidad que pende débilmente sobre una base de pecado.

Sí, lo sé. Estoy martillando bastante duro, pero, aunque parezca que he cambiado de "Yo estoy bien, tú estás bien" a "¡Pecado, *pecado*, PECADO!", la realidad es que reconocer nuestros dones y estar dispuestas a movernos en ellos son dos cosas muy diferentes. Porque la cuestión principal no es si Dios puede usarnos de manera particular para bendecir a nuestra familia (Él puede hacerlo), sino si nosotras estamos demasiado concentradas en lo que hacen las demás madres o demasiado concentradas en inventar excusas sobre nuestras inseguridades para seguir su instrucción.

Sí, hay un millón de maneras diferentes de ser una buena madre, pero ¿en qué áreas nos ha dado el Señor dones especiales y los estamos aceptando realmente? Ni el mundo, ni nuestras amigas, ni nuestra madre puede respondernos esta pregunta. Solo nosotras podemos hacerlo. Decir sí a la instrucción de Dios requiere mucho más valor que elegir la derrota o un sentimiento de falsa superioridad. Y responder a su llamado, en lugar de intentar estar a la altura de otras madres, es la única forma garantizada de ser las mejores madres que podamos ser.

EL RETO

MADRE MEDIOCRE	MADRE EXCELENTE EN CRISTO
Se obsesiona con los detalles de lo que hacen las demás.	Aprovecha al máximo los talentos que Dios le ha dado.
Se excusa basada en el "desempeño" de las demás.	Asume la responsabilidad de mejorar sus debilidades.
Vive con miedo al fracaso.	Descansa en la "suficiencia" de Cristo.

PASOS A SEGUIR

- Memoriza y medita en 2 Corintios 10:12: "Porque no nos atrevemos a contarnos ni a compararnos con algunos que se alaban a sí mismos; pero ellos, midiéndose a sí mismos por sí mismos, y comparándose consigo mismos, no son juiciosos".
- Haz una lista de tres cosas que el Señor te ha dado la habilidad de hacer bien y tres cosas en las que tienes dificultades.
- Elige una cosa que puedas hacer esta semana para ejercitar un don en particular y una cosa que puedes hacer para fortalecer un área en la que eres débil.

PREGUNTAS PARA LA REFLEXIÓN PERSONAL

¿Estoy evitando la comunidad porque temo no estar a la altura de las otras madres?

¿Tiendo a menospreciar a otras madres que no tienen el mismo "desempeño" que yo?

¿Estoy utilizando mis dones para bendecir a mis hijos y a los demás?

ORACIÓN

Señor, tú dices en tu Palabra que los que se comparan y se miden conforme a sus propias normas para mostrar lo que valen no son sabios (2 Corintios 10:12). Por favor, ayúdanos a estar agradecidas por las cosas en las que nos has hecho buenas y a estar dispuestas a trabajar en las áreas en las que tenemos dificultades.

3

"¿Y QUÉ DE ESTE?... SÍGUEME TÚ"

Mantengamos el rumbo sin importar lo que hagan los demás

Tengo un espacio semanal en mi cuenta de Instagram, cada miércoles, llamado "Qué quieres saber", en el que hago una invitación a las lectoras: "Pregúntenme lo que sea y responderé tantas preguntas como pueda". No es que pase gran parte de cada día en las redes sociales (hola... tengo diez hijos), pero dedico hasta dos horas (repartidas a lo largo del día) cada miércoles a responder preguntas.

Me han preguntado de todo, desde qué productos utilizo para el cabello y cuáles son mis mejores consejos para enseñar a los niños a dejar los pañales hasta qué opino de las diferentes denominaciones cristianas y cómo tener "la charla sobre sexo" con un hijo (más sobre esto más adelante). Abarcamos una gran variedad de temas y, aunque no evito las preguntas difíciles, a veces me tengo que morder la lengua virtualmente cuando se trata de ciertas preguntas.

¿Qué tipo de preguntas?

Me alegro de que lo preguntes. Las preguntas que más me hacen dudar no son las de tipo teológico, ni siquiera las que tocan el tema de la "guerra de las madres", sino las que están redactadas de tal manera que dan a entender que la persona que pregunta está decidida a seguir al pie de la letra cualquiera que sea mi respuesta.

O, por el contrario, las que están redactadas con la evidente intención de "dejar de seguirme" por dar la respuesta equivocada.

Amoldar nuestra vida a semejanza de alguien que no sea Cristo es un proyecto muy inestable.

¡Oye, eso es mucha presión! Amoldar nuestra vida a semejanza de alguien que no sea Cristo es un proyecto muy inestable. Y que alguien *me use* como una prueba determinante de la piedad es totalmente absurdo; no porque no haga algunas cosas bien por la gracia de Dios, sino porque yo, al igual que todos los demás, puedo fallar estrepitosamente. Y si la esperanza de alguna persona está puesta en *mi* bondad, será defraudada. Garantizado.

Pablo lo expresó mejor: "Porque diciendo el uno: Yo ciertamente soy de Pablo; y el otro: Yo soy de Apolos… ¿Qué, pues, es Pablo, y qué es Apolos? Servidores por medio de los cuales habéis creído; y eso según lo que a cada uno concedió el Señor" (1 Corintios 3:4-5).

Solo Cristo merece ser imitado

Por eso me esfuerzo en recordar diariamente a mis lectoras (y a mí misma) que, como señaló Jesús en Marcos 10:18, "Ninguno hay bueno, sino solo uno, Dios". (Por supuesto, Jesús dijo eso sabiendo que Él mismo *era* Dios en una sutil declaración de su deidad). No solo eso, sino que Dios nos ha revelado su bondad en las páginas de las Escrituras. Así que, aunque puede ser muy útil escuchar a una madre que te haya "precedido" en el camino (¡una de las razones por las que escribí este libro!), y Tito 2 ofrece un gran resumen para las mentoras cristianas, es decisivo fundamentar solo en Cristo cualquier sentido de identidad que tengamos. Cuando estamos seguras de esa identidad, podemos tomar con reservas espirituales lo que otra persona diga o haga, especialmente si ese consejo está fundamentado en algo que no sea la verdad bíblica.

Cuando estamos seguras de esa identidad, podemos tomar con reservas espirituales lo que otra persona diga o haga, especialmente si ese consejo está fundamentado en algo que no sea la verdad bíblica.

Eso no quiere decir que no podamos escuchar la verdad de los no creyentes. Brené Brown y yo diferimos mucho en nuestras opiniones sobre muchas cosas y, sin embargo, ella se refirió a esta misma cuestión cuando señaló: "O entras en tu historia y eres dueño de tu verdad, o bien vives fuera de tu historia en una lucha por tu valía".[1] Por supuesto, esta mentalidad de "ser la protagonista de tu propia historia" excluye por completo la soberanía de Dios y, aun así, tiene algo de verdad. Si dependemos de que otros nos revelen nuestro propósito, en lugar de confesar la verdad de lo que Dios dice que somos en Él (perdonadas: 1 Juan 1:9; amadas: Colosenses 3:12; preciosas: Isaías 43:4; únicas: Salmos 139:14), estaremos continuamente buscando la aprobación externa o, incluso, el permiso para transitar por los caminos que Dios ha trazado claramente para nosotras.

Como ya he mencionado, la respuesta contraria también es cierta. Con demasiada frecuencia, prestar demasiada atención a lo que otra persona está haciendo puede hacer que nos sintamos amenazadas si no se ajusta a nuestro propio paradigma, aunque se trate de algo que no tiene ninguna importancia (¿recuerdas mi respuesta insegura ante la casa inmaculada de mi amiga?). No puedo decirte cuántas veces he dado una receta solo para que me pregunten: "¿Estás *segura* de que alcanza para toda tu familia? Creo que mi familia de cuatro miembros come más que eso". El hecho de que el consumo de alimentos de otra familia preocupe genuinamente a alguien demuestra que, cuando fijamos nuestros ojos en los demás y no en Cristo, somos capaces de rechazar o, al menos, cuestionar, casi cualquier cosa.

Otro buen ejemplo es el tamaño de la familia. Al ser una familia mucho más grande de lo normal, despertamos muchos comentarios y atraemos numerosas miradas cada vez que estamos todos juntos en público. *Especialmente*, con la dinámica de dos pares de gemelos idénticos.

Mucha gente nos anima con efusividad.

"¡Qué familia más bonita tienen!".

"¡Dios mío, qué bendición!".

"¡Mira qué niños tan adorables!".

Sin embargo, la respuesta contraria es más habitual de lo que me gustaría, sobre todo cuando ocurre delante de mis hijos. Una desconocida me dijo que si ella tuviera "tantos hijos" (en ese momento, tenía seis), "se suicidaría". Me han reprendido en Internet por mi impacto ambiental. Algunos han especulado con que solo me vuelvo a embarazar por la publicidad. (Como persona a la que *no* le gustan los embarazos, la idea de soportar nueve meses difíciles, seguidos de al menos dieciocho años de responsabilidad por otro ser humano, solo para conseguir unos cuantos "me gusta" adicionales, me parece poco menos que digno de una carcajada).

Por otra parte, he oído a muchas madres que se sienten avergonzadas por las madres con muchos hijos porque "solo" tienen uno o dos hijos. Se sienten "inferiores" por los comentarios despectivos o las miradas de soslayo. Y las culpables suelen ser otras mamás cristianas. Cuando escucho esto, no puedo dejar de pensar en Santiago 3:10: "De una misma boca proceden bendición y maldición. Hermanos míos [¡hermanas!], esto no debe ser así".

Me entristece mucho oír estas cosas.

Permanezcamos en el carril que Cristo nos ha trazado

Como cristianas, se nos amonesta en 1 Tesalonicenses 5:21 a "[examinarlo] todo" y a "[retener] lo bueno". No nos limitemos a bostezar ante el pecado. Examinemos las palabras y las acciones de las personas en busca de la verdad bíblica. Sin embargo (y esto es importante), en circunstancias de *preferencia* o libertad en Cristo, embarcarse en una santa cruzada para convertir a todos los demás a nuestra manera de pensar nunca terminará como esperamos. Aun cuando ganemos algunos "discípulos", a menos que nuestro objetivo sea enseñarles su identidad en Cristo, la "conversión" será realmente superficial.

No nos limitemos a bostezar ante el pecado. Examinemos las palabras y las acciones de las personas en busca de la verdad bíblica. Sin embargo (y esto es importante), en circunstancias de preferencia o libertad en Cristo, embarcarse en una santa cruzada para convertir a todos los demás a nuestra manera de pensar nunca terminará como esperamos.

Es casi como si Dios nos hubiera colocado en esta estrecha autopista llamada vida cristiana y luego hubiera pintado en el centro dos líneas amarillas de "prohibido cruzar" para asegurarse de que no nos salgamos de nuestro carril y nos metamos en el tráfico que viene en sentido contrario. Ignorar esas líneas puede, con demasiada frecuencia, resultar en relaciones arruinadas y corazones rotos. No vale la pena el daño colateral, especialmente cuando desvía nuestra atención del camino de Dios para *nosotras*.

¿Significa eso que nunca podemos prestar atención a lo que hacen los demás? ¿Significa que hacerlo es inherentemente pecaminoso? Por supuesto que no. Hay una gran diferencia entre fijarse en la marca y el modelo de un auto que pasa y cruzar la línea de demarcación para chocar contra este. Como ya he dicho, a menudo me preguntan qué hago para relajarme y desestresarme, cómo priorizo el "tiempo para mí", cuándo y cómo hago ejercicio, qué como, cómo educo a mis hijos, qué veo. Y he hecho varias de las mismas preguntas a otras mamás.

La curiosidad sana forma parte del proceso de aprendizaje llamado vida, pero el deseo de saber qué más hay ahí fuera y cómo crecer a partir de ello es diferente al deseo de imitar (porque no estamos seguras de quiénes somos) o de desacreditar (porque nos ofende cualquiera que no esté de acuerdo con nosotras).

Quiero ser muy clara sobre este tema porque en los próximos capítulos te revelaré algunas de las cosas prácticas que hacemos como familia para prosperar en el camino que Cristo nos ha trazado. Espero que te sean útiles, sin importar tu personalidad o el tamaño de tu familia. Mi objetivo es mencionar solo aquellas

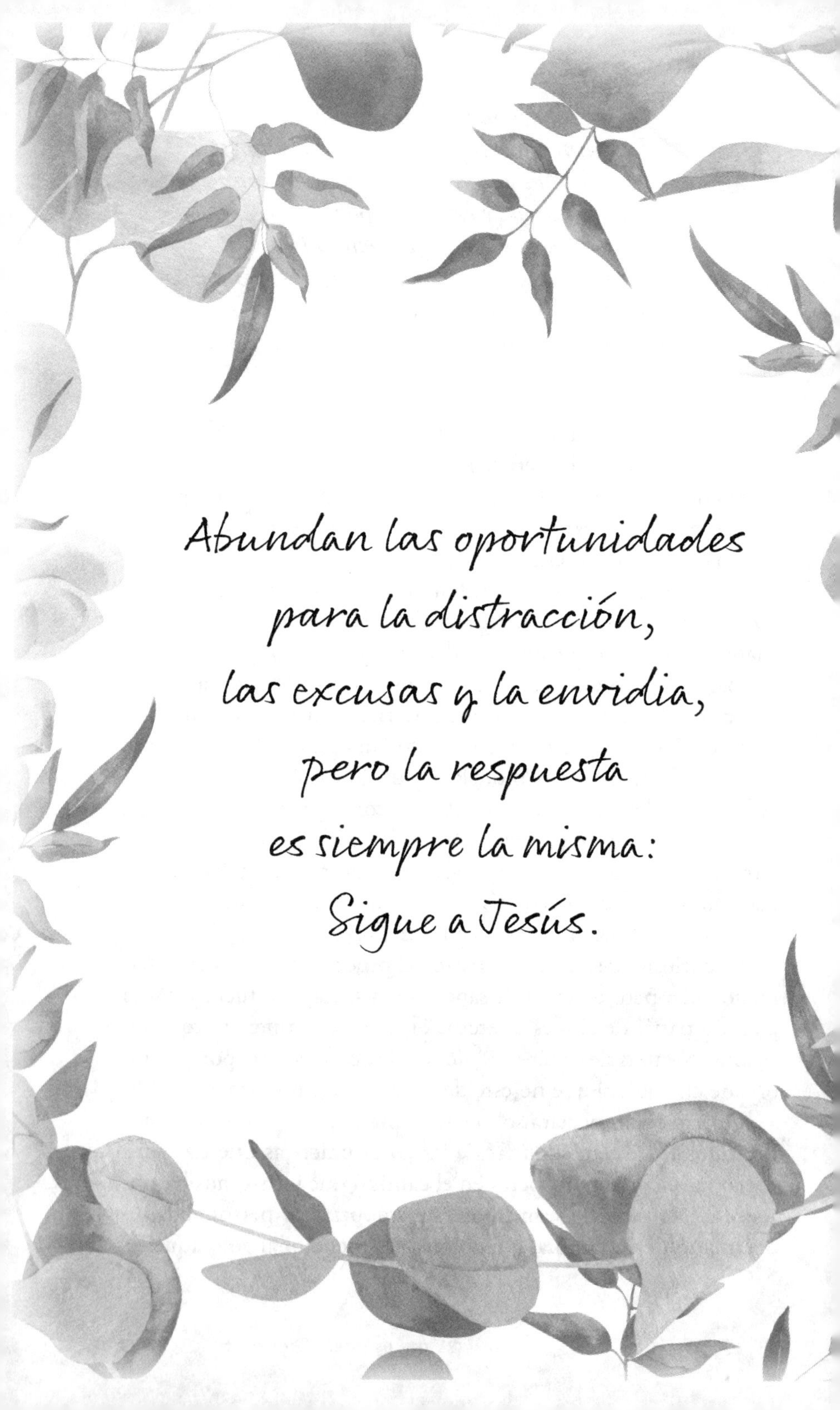

Abundan las oportunidades
para la distracción,
las excusas y la envidia,
pero la respuesta
es siempre la misma:
Sigue a Jesús.

cosas que pueden ser vistas como principios de la verdad (no te diré si debes o no usar pañales de tela, o ciertas medicinas, o comprar vegetales orgánicos), porque cualquier otra cosa se acercará peligrosamente a mis "líneas dobles".

Ahora bien, ¿qué dice la Biblia al respecto?

Un día, hace varios años, vino mi madre a ayudarme con mis hijos para que yo pudiera escribir este mismo capítulo. Le comenté mis frustraciones con la especialidad de algunas de las preguntas que recibía los miércoles en el espacio de "¿Qué quieres saber?". Preguntas sobre cómo hacer amigas si en tu barrio solo hay gente de una determinada edad. O cómo criar a un bebé de veinte meses con una peculiaridad específica de comportamiento. O qué hacer si una amiga hace un comentario sarcástico sobre tu hijo. Mi deseo es guiar a las mujeres a Cristo, no enseñarles a hacer las cosas "al estilo Abbie". Así que, aunque podría responder a cada pregunta en detalle, lo que *intento* hacer es redirigir siempre a la persona que hace la pregunta hacia ciertos principios bíblicos que nunca fallan.

Mientras me quejaba de lo difícil que era dar una "respuesta correcta", mi madre, que es muy sabia pero también muy práctica, me dijo: "¡Estas mujeres necesitan leer la Biblia! Casi todo en la vida puede reducirse a un puñado de verdades bíblicas fundamentales".

Le respondí que es valioso recibir buenos consejos sobre temas concretos (y ella estuvo de acuerdo), pero no pude evitar pensar que, si todas tuviéramos un poco más de la actitud de mi madre ante los retos y las decisiones que afrontamos en la vida, pasaríamos menos tiempo revolcándonos en el fango de la indecisión, la comparación y el conflicto. Y tendríamos menos excusas por nuestros pecados.

Casi todo en la vida puede reducirse a un puñado de verdades bíblicas fundamentales.

En las amistades, nos apresuraríamos a tender la mano a todas, sin importar su edad y sin exigir que respondan a nuestras exigencias a cambio.

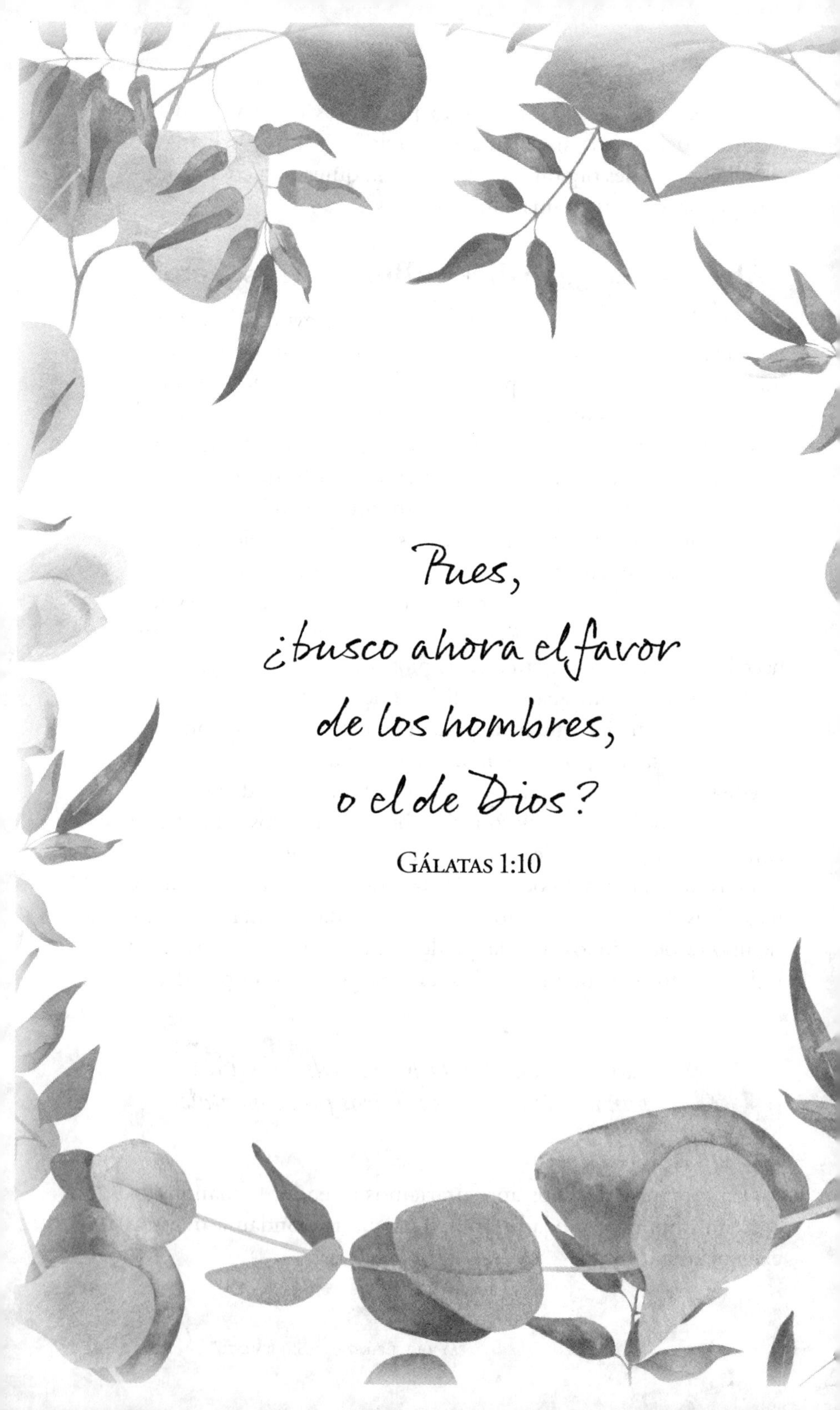

Pues,
¿busco ahora el favor
de los hombres,
o el de Dios?

Gálatas 1:10

En la crianza de los hijos, profundizaríamos en la educación y la constancia, sin importar la edad o el problema.

Ante la mala intención, responderíamos con buena voluntad.

Por supuesto, debido al pecado, ninguna de nosotras es capaz de ejecutar estas cosas a la perfección todo el tiempo, pero cuando sabemos *de quién* somos y qué nos dice su Palabra, las respuestas son sorprendentemente sencillas.

Sé amable (Efesios 4:32).

No te quejes ni discutas (Filipenses 2:14).

No seas chismosa (1 Timoteo 5:13).

Espera lo mejor (1 Corintios 13:7).

No tengas miedo en las dificultades (Josué 1:9).

Todos estos preceptos y muchos más pueden encontrarse en las páginas de las Escrituras y en el ejemplo de la vida de Cristo, que es, al fin y al cabo, el único que merece la pena imitar.

Sobre el tema de pensar demasiado en lo que hace todo el mundo a nuestro alrededor, Oswald Chambers dijo lo siguiente:

> Tu parte es mantener la relación correcta con Dios para que su discernimiento pueda venir a través de ti continuamente con el propósito de ser de bendición a otros… La madurez en un hijo de Dios se produce a nivel inconsciente, hasta que llegamos a estar tan rendidos a Dios que ni siquiera somos conscientes de que estamos siendo usados por Él.[2]

Así que la próxima vez que nos enteremos de que una amiga va a tener otro bebé, y sintamos envidia o la critiquemos, veamos en cambio lo que dicen las Escrituras sobre los hijos (son una bendición, sin importar el número, Salmos 127:3).

O tal vez caigamos en la tentación de unirnos a nuestras amigas, que se identifican como cristianas, para ver ese programa de citas lleno de sexo extramarital y lemas que proponen "sigue a tu corazón", porque "es divertido". En cambio, sigamos confiando en que cuando Filipenses 4:8 nos anima a pensar en "todo lo que es verdadero, todo lo honesto, todo lo justo, todo lo puro", es por nuestro propio bien y para la gloria de Dios.

En otras palabras, independientemente de lo que haga cualquier otra madre —cristiana o laica—, nuestro deber consiste en mantenernos en el camino que el Señor nos ha trazado a través de su Palabra y de la inspiración de su Espíritu Santo. No puedo evitar pensar en la vez que Pedro, que caminaba con Jesús después de su resurrección, miró hacia atrás y, al darse cuenta de que Juan lo seguía (Juan 21:21-22), le preguntó: "Señor, ¿y qué de este?". (¿Te suena? Está claro que no es algo que hagamos solo las mujeres).

Y Jesús le hizo su propia pregunta: "Si quiero que él quede hasta que yo venga, ¿qué a ti? Sígueme tú".

Abundan las oportunidades para la distracción, las excusas y la envidia, pero la respuesta es siempre la misma: Sigue a Jesús.

EL RETO

MADRE MEDIOCRE	MADRE EXCELENTE EN CRISTO
Confía en la "verdad" de las cosas como están.	Busca la verdad en las Escrituras.
Se siente insegura y a la defensiva.	Confía en su identidad en Cristo.
Se deja llevar por la opinión popular.	Se aferra a la convicción bíblica.

PASOS A SEGUIR

- Memoriza y medita en Gálatas 1:10: "Pues, ¿busco ahora el favor de los hombres, o el de Dios? ¿O trato de agradar a los hombres? Pues si todavía agradara a los hombres, no sería siervo de Cristo".
- Habla con tus hijos sobre cómo es seguir a Jesús incluso cuando nadie más lo haga. Toma nota de las áreas en las que más te cuesta seguirlo.
- Haz una lista de las cinco principales influencias que puedes identificar.

PREGUNTAS PARA LA REFLEXIÓN PERSONAL

¿Busco validación en mis amigas o las redes sociales, o recurro primero a la Biblia?

¿Me dejo influenciar por la forma en que mi cultura propaga que debo ser madre, aunque vaya en contra de las Escrituras?

¿Estoy enseñando la verdad y la convicción piadosa a mis hijos y también la practico con regularidad?

ORACIÓN

Señor, como siervas de Cristo, no queremos que nada de lo que alguien haga aparte nuestra mirada de ti. Intensifica nuestro amor por ti y por nuestros hijos mientras "[proseguimos] a la meta, al premio del supremo llamamiento de Dios en Cristo Jesús" (Filipenses 3:14).

4
¿QUÉ ES LO QUE ESPERA DE TI EL SEÑOR?

Entreguemos nuestro ideal de madre perfecta a su perfecta voluntad

Desde niña he asistido a una variedad de iglesias de distintas denominaciones cristianas. Si cuando era niña alguien me hubiera preguntado si era bautista o presbiteriana, probablemente lo hubiera mirado de reojo, confundida. Mis padres, que son creyentes mesiánicos, siempre han sentido predilección por la nación de Israel e incluso han vivido allí en dos ocasiones distintas: una, mientras estaban esperando a mi hermano mayor, que nació allí, y otra, durante un año cuando yo tenía tres años (luego cuatro) y Shae (mi hermano) tenía siete. También asistimos a una iglesia carismática durante un tiempo, y recuerdo perfectamente danzar en los pasillos con las otras niñas (sin nadie que cayera en trance ni asistentes con mantas para cubrir la virtud de cualquier mujer tan sobrecogida por el Espíritu Santo que cayera al piso, ni nada por el estilo, solo mucho gozo efusivo). Desde entonces, he frecuentado sobre todo iglesias no denominacionales, pero actualmente somos miembros de una iglesia bautista reformada.

En realidad, estoy agradecida por nuestra mezcla de denominaciones dentro del cristianismo, porque he experimentado de primera mano que, a final de cuentas, estamos unidos en el Cuerpo de Cristo, no por títulos, tradiciones o hábitos; sino por la salvación solo a través de Cristo y el amor mutuo a Dios y a su Santa Palabra, la Biblia. Y ser conscientes de las diversas formas en que los cristianos rinden culto es un hermoso recordatorio de nuestra particularidad en Cristo. Puede que no apoye todas y cada una de las prácticas que se llevan a cabo en algunas iglesias, pero si su teología principal es bíblicamente sólida, puedo rendir culto allí. Son mi familia. (Por eso, si alguna vez alguien me pregunta si soy bautista, responderé: "No, soy cristiana").

Él te ha mostrado, oh mamá

Independientemente de la iglesia a la que haya asistido, hay una serie de "cánticos de alabanza" (¿recuerdas cuando los llamábamos así?) que me han quedado grabados a lo largo de los años. Y uno de ellos es Miqueas 6:8. Levanta la mano si recuerdas haber hecho el eco de las mujeres en "Me ha mostrado (me ha mostrado)... el Señor (el Señor)". Si has levantado la mano, somos hermanas del alma de la iglesia, y acabo de tocar tu fibra más íntima a través de estas páginas. Si no, no pasa nada. ¡Puedes escuchar ese cántico en español en YouTube (https://www.youtube.com/watch?v=l13iiz4qrIw)!

Por supuesto, lo mejor del cántico (aparte del eco) es que la letra es bíblica y es una adaptación de Miqueas 6:8: "¡Él te ha mostrado, oh mortal, lo que es bueno! ¿Y qué es lo que espera de ti el Señor?: Practicar la justicia, amar la misericordia y caminar humildemente ante tu Dios" (NVI).

Ahora bien, creo firmemente en la inerrancia de las Escrituras, así que espero que me disculpes por retocar tan solo un poquito este versículo: "Él te ha mostrado, oh *mamá*, lo que es bueno". Sé que "mortal" es simplemente un término genérico para referirse al "ser humano", y me gusta cómo la Nueva Versión Internacional lo hace un poco más interesante con la palabra "mortal". Sin embargo, no creo que a las mamás se nos pase por alto que este versículo se aplica tanto a las mujeres y madres como a los hombres. Si hay alguien cuyo objetivo debe ser "practicar la justicia, amar la misericordia y caminar humildemente ante [su] Dios", es una mujer que está a cargo de enseñar a sus hijos a hacer lo mismo.

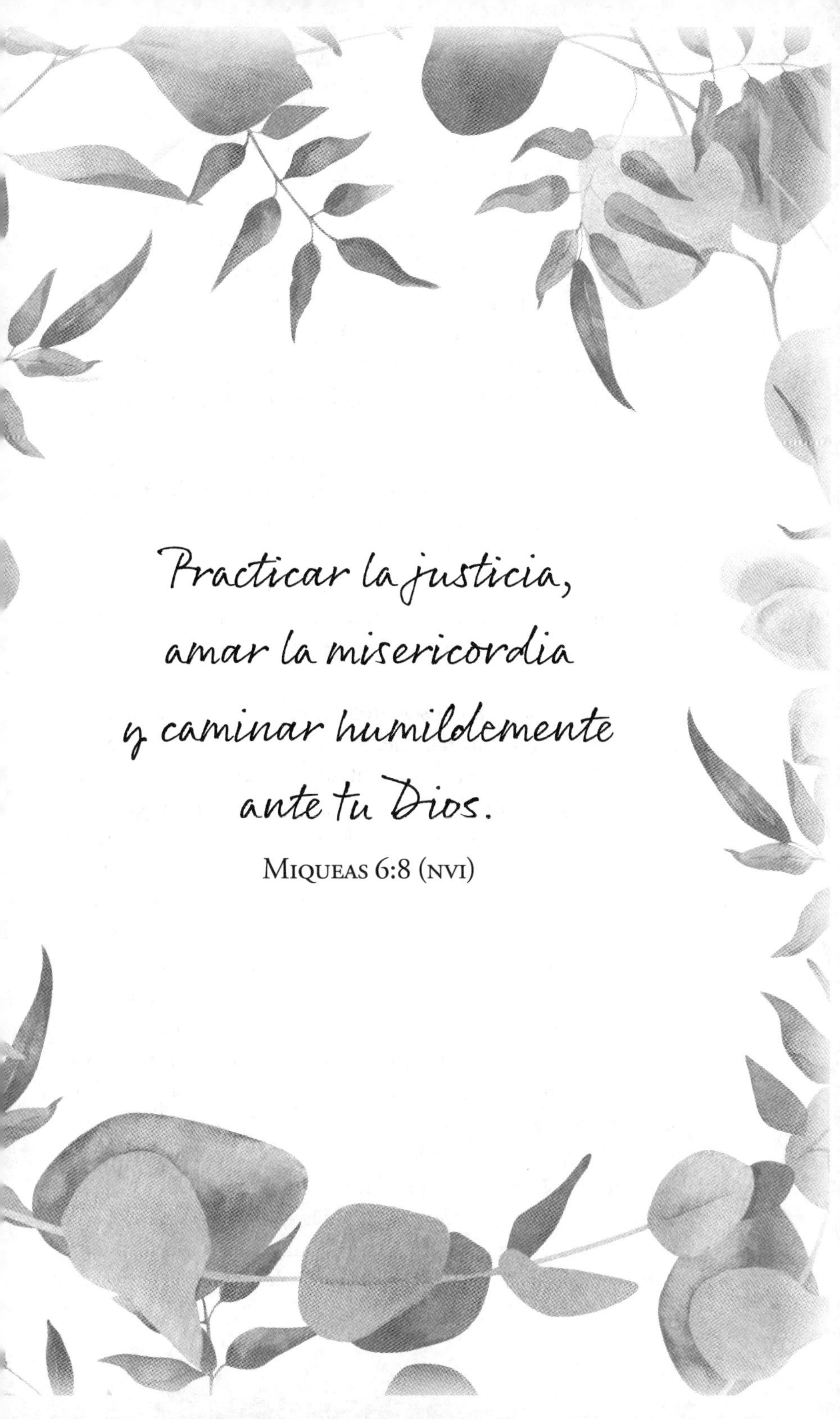

Practicar la justicia,
amar la misericordia
y caminar humildemente
ante tu Dios.

Miqueas 6:8 (nvi)

La cuestión es que, aunque este versículo plantea una de las preguntas más trascendentales de la vida ("¿qué *es* lo que espera de mí el Señor?"), y luego la responde inmediatamente, es difícil no querer que Dios organice una rueda de prensa para que todos podamos hacer algunas preguntas complementarias.

"¿Qué significa practicar la justicia *para mí* como madre de diez hijos, Señor? ¿Significa que tengo que procurar que todos reciban una galleta del mismo tamaño para el postre?".

"¿Qué significa para la que es madre de un solo hijo?".

"¿Acaso amar la misericordia significa dejar que los mocosos salgan impunes siempre?".

"¿Caminar humildemente significa que nunca debo hablar acerca de un excelente día que he tenido como madre para animar a otras mujeres, porque también podría hacer sentir mal a alguna madre que está luchando?".

Las preguntas sobre la forma *correcta* de llevar a cabo estas tres tareas van de lo ridículo a lo profundamente complejo y pueden confundir y aturdir la mente incluso de la madre más astuta.

A menos que…

A menos que elijamos conscientemente dejar de escuchar las voces de las sugerencias culturales del mundo, los lemas que enfatizan el sentirse bien y las demandas sociales, y, en cambio, escuchemos la voz de Jesús, que dice: "Si alguno quiere venir en pos de mí, niéguese a sí mismo, tome su cruz cada día, y sígame" (Lucas 9:23).

Las mamás me preguntan todo el tiempo en Internet: "cómo *saco tiempo para mí*", "cómo evito *perderme* en la labor de madre", "cómo *supero el agobio*". Y creo que todas estas preguntas pueden ser legítimas y necesarias. A menudo, mis respuestas son totalmente pragmáticas: dormir lo suficiente, decir "no" a las distracciones innecesarias, dedicar tiempo a la Palabra de Dios y la oración.

Sin embargo, el problema con cada una de estas preguntas es que su raíz se basa a menudo en un énfasis en "mí" en lugar de "Él". Colosenses 3:23 señala: "Y todo lo que hagáis, hacedlo de corazón, como para el Señor y no para los hombres". Aquí está lo bueno: esa palabra "hombres" nos incluye a "nosotras" también. La perspectiva de hacer todo de corazón con el objetivo de agradar a Dios, en lugar de a *nosotras mismas*, a nuestros vecinos, a nuestras madres, a nuestros maridos, a nuestros jefes o a cualquier otra persona, es un poco espinosa. Después de todo, es Dios quien nos coloca en situaciones en las que debemos interactuar con esas personas. Y no somos más que seres humanos con necesidades físicas, emocionales y espirituales sumamente reales. ¿Cómo vamos a servir de una copa vacía? Si no hemos hecho primero lo que *nos* llena, *nos* satisface, *nos* agrada, ¿cómo podemos esperar que nos quede lo suficiente para ofrecer a Dios o a cualquier otra persona?

Cuando somos mezquinas, Dios es generoso

Dejando a un lado la naturaleza retrógrada de esta pregunta (ofrecer a Dios y a los demás nuestras "sobras" nunca es una buena idea), permíteme señalar lo siguiente: En la economía mundial de las madres, nunca podemos esperar tener suficiente. Nos desgastaremos e incluso nuestras mejores intenciones sucumbirán a un deseo egoísta, aunque universal, de desahogo. No obstante, una perspectiva evangélica de este enigma no pregunta "¿Cómo puedo *yo* hacerlo si no cuido primero de *mí*?", sino "¿Cómo lo hará *Cristo* a pesar de *mí*?".

Si parece un poco demasiado altruista o confuso en los detalles, déjame decirte que esta mamá de muchos hijos superpráctica ha visto que el milagro de la gracia de Dios es suficiente para mí y que su poder se perfecciona en mi debilidad (parafraseando 2 Corintios 12:9), de maneras sumamente tangibles cuando he podido renunciar a mi deseo de "la solución perfecta" a un problema.

Algo que deberías saber de mí (que probablemente no te sorprenderá, al tener en cuenta que soy madre de diez hijos): Cuando era adolescente, entregué al Señor el número exacto de hijos que tendría algún día. ¡Recuerdo que pensaba que podría tener —*exageradamente*— hasta seis!

¡Qué risa! Había tantas cosas que no sabía.

Sin embargo, una cosa sí sabía. Quería que el Señor me diera todos los hijos que tuviera para mí, uno a uno. En otras palabras, estaba totalmente rendida, siempre y cuando Dios lo hiciera a mi manera. Tener gemelos sonaba difícil, demandante e imposible. ¿Ya mencioné "difícil"?

De hecho, estaba tan convencida de que había entregado mi fertilidad por completo al Señor, que esperaba que cumpliera mi política de "no gemelos". (Ni mencionar de trillizos). No es que fuera un pensamiento consciente. Lo habría considerado totalmente sacrílego. No, era más bien una suposición subconsciente de que la definición de bondad de Dios debía coincidir con la mía.

Así que imagina lo desconcertante que fue para mi confianza en mi voluntad rendida descubrir en 2012 que, de hecho, estaba embarazada de gemelas.

El Señor me sostuvo con su gracia durante todo ese embarazo e incluso me concedió un parto increíblemente tranquilo en casa, que culminó con dos niñas perfectas, pero su gracia no se detuvo allí. Verás, yo ya tenía tres hijos pequeños cuando las gemelas hicieron su debut, y estábamos en nuestro segundo año de escolarización en el hogar. No tenía un buen plan para equilibrar la vida de las gemelas con la escolarización de mis hijos de primero y segundo grado, y el cuidado de un niño muy pequeño, sobre todo porque las gemelas nacerían al principio del curso escolar. No obstante, pensé que, si el Señor me había metido en ese "lío", me daría una solución.

A medida que se acercaba la fecha de parto de las gemelas, oré mucho sobre cómo sería nuestro año escolar. Investigué varias opciones alternativas de escolarización, pero ninguna me tranquilizaba. Había perdido la esperanza de encontrar una solución viable para nuestra familia y había llegado a un acuerdo con lo que yo llamaría un sistema *laxo* del año escolar cuando, pocas semanas antes que nacieran las gemelas, unos amigos cercanos nos comentaron que una pequeña escuela dirigida por una iglesia de nuestra localidad había decidido ofrecer una opción híbrida a los que escolarizaban a sus hijos en el hogar. Mis hijos podrían asistir un par de días a la semana. El resto del tiempo estaríamos en casa para realizar las tareas asignadas por el colegio y dedicarnos a nuestros propios intereses.

Decir que esta respuesta vino del Señor es restar importancia a la magnitud de la bendición que esta opción de escolarización resultó ser para nuestra familia durante los siguientes dos años. Yo había pensado que, de alguna manera, me las arreglaría para salir adelante en medio de todo ese embrollo. Y tenía algo de razón, porque hubo muchos *embrollos* ese primer año. Una noche,

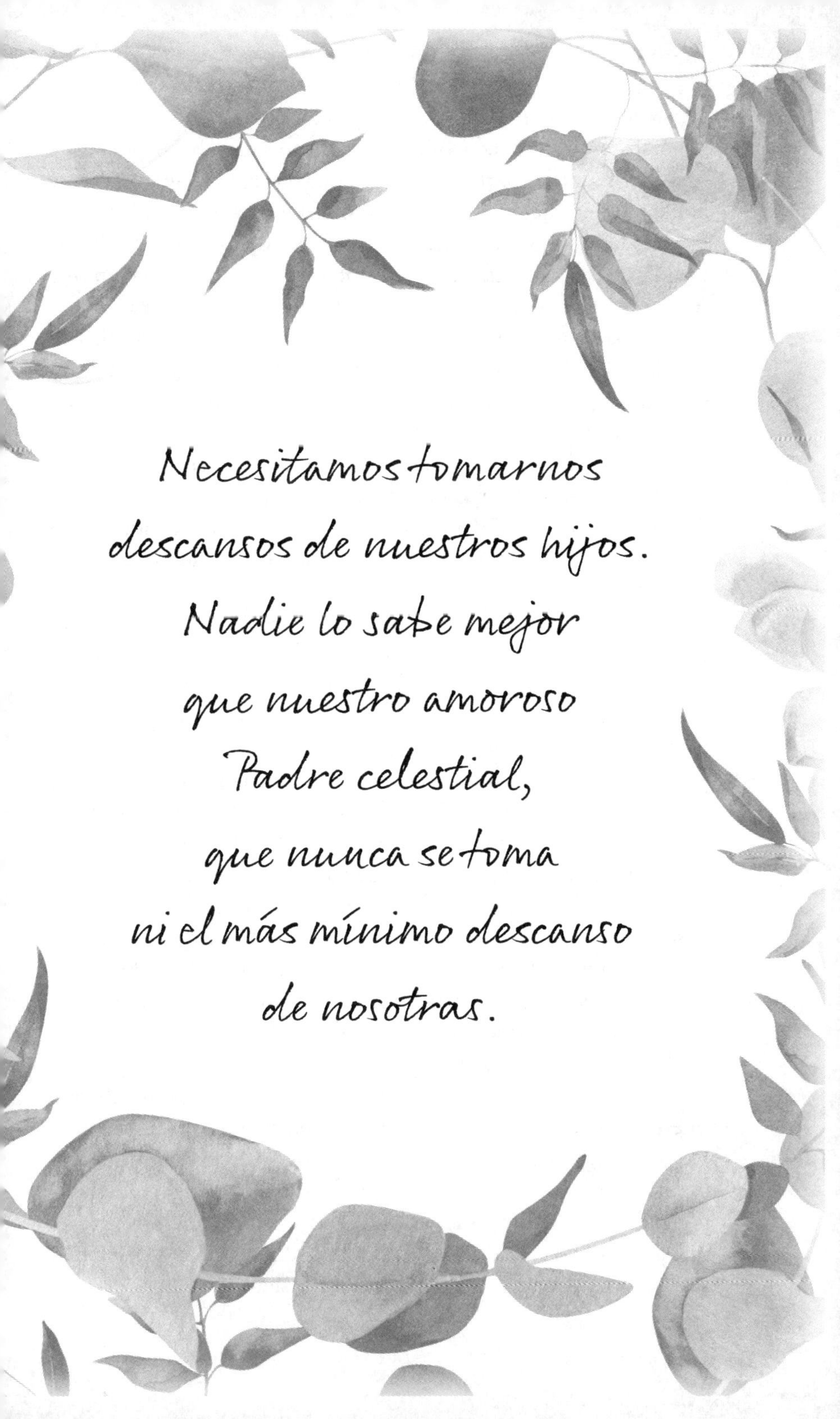

Necesitamos tomarnos
descansos de nuestros hijos.
Nadie lo sabe mejor
que nuestro amoroso
Padre celestial,
que nunca se toma
ni el más mínimo descanso
de nosotras.

recuerdo claramente que me desplomé en el suelo —con una bebé sostenida en cada brazo y mis otros tres hijos pequeños prendidos a varias partes de mi cuerpo— y llamé a Shaun, que se había ido de viaje de trabajo. Lloraba de forma incontrolable por la suciedad de los pisos, las montañas de ropa sucia y la falta de un plan para cenar esa noche. Estaba tan abatida, que creo que se planteó subirse a un avión en ese mismo instante para poder comprobar por sí mismo que la casa no se hubiera derrumbado.

El poder del Señor se hizo muy evidente ese año en que no tuve nada que ver con esa solución escolar tan necesaria que cuadraba a la perfección. No había planeado que sucediera. Solo pude retroceder y "[gloriarme] más bien en mis debilidades, para que repose sobre mí el poder de Cristo. Por lo cual, por amor a Cristo me gozo en las debilidades, en afrentas, en necesidades, en persecuciones, en angustias; porque cuando soy débil, entonces soy fuerte" (2 Corintios 12:9-10).

Si hubiera forzado una solución o negociado un resultado para asegurarme de no "volverme loca", no me cabe duda de que, además de mí, también nuestra familia por extensión, habríamos experimentado más estrés, más inquietud y más frustración, no menos. No hay nada intrínsecamente malo en hacer planes (siempre y cuando sean flexibles), nada malo en orar por un resultado específico. Necesitamos una salida y un respiro. Necesitamos tomarnos descansos de nuestros hijos, aunque sean breves, pero debemos recordar que nadie lo sabe mejor que nuestro amoroso Padre celestial, que nunca se toma ni el más mínimo descanso de nosotras. Él es el Señor, nuestro Dios, que nunca nos dejará ni nos desamparará (Deuteronomio 31:6). Y solo cuando descansamos en el conocimiento de que sus caminos son siempre buenos (fíjate que no he dicho fáciles), podemos deleitarnos verdaderamente en su provisión.

En ese conocimiento descansé cuando nos enteramos de que nuestro sexto bebé (el embarazo inmediatamente posterior al de Evy y Nola) también era gemelo, y cuando descubrimos que habíamos perdido a su hermano por el síndrome del gemelo desaparecido a las ocho semanas. Y fue el mismo conocimiento el que me sostuvo cuando descubrí que esperaba gemelos de nuevo, varones idénticos esta vez, a los treinta y siete años.

Si empezaste este capítulo esperando que te dijera exactamente qué tipo de madre deberías ser, me temo que voy a decepcionarte. No conozco tu personalidad, ni tus puntos fuertes y débiles, ni tus sueños y esperanzas, ni tu genética, ni tus antecedentes, nada de eso; pero conozco al Dios que sí conoce todo eso. El Dios que te puso en la posición en la que te encuentras para "un momento como este" (Ester 4:14). El Dios que te impulsó a abrir y leer este libro.

Y sé esto: Él te asignará *mucho* más de lo que puedas soportar, tanto de alegría como de dolor. Puede que Él permita tantos problemas en tu vida que sientas que te vas a ahogar bajo su peso (yo he pasado por eso). Y, por otra parte, puede que te conceda tantas alegrías y bendiciones que te sientas desbordar de una bondad que sabes que no mereces y que nunca podrás pagar (también me ha pasado). Ambas son bendiciones. Ambas son formas en las que Él nos revela su llamado. Ambas requieren que avancemos con pequeños pasos de fe y manos extendidas en gratitud.

Y sé esto: Él te asignará mucho más de lo que puedas soportar, tanto de alegría como de dolor.

Si deseas conocer la voluntad de Dios para tu vida como madre (o para cualquier otra cosa), te animo a que hagas una oración realmente aterradora: "Señor, muéstrame lo que tienes para mí y luego dame tu poder para hacerlo, aunque no sea nada de lo que haya imaginado".

Él te ha mostrado, oh mamá, lo que es bueno y lo que el Señor espera de ti... Está ahí, escondido en las misteriosas horas de silencio mientras amamantamos a nuestros bebés, escrito claramente en las caritas iluminadas por el sol y llenas de asombro de nuestros pequeños hijos mientras les contamos historias.

Él te ha mostrado, oh mamá, lo que es bueno y lo que el Señor espera de ti. Está en su Palabra. Está en la búsqueda diaria de su presencia a través de la oración y la petición. Está en memorizar las Escrituras y aplicarlas constantemente a nuestra vida. Está en la limpieza de traseros sucios y en las risas, en las ecografías sorpresa y en los adolescentes malhumorados. Está ahí, escondido en las misteriosas horas de silencio mientras amamantamos a nuestros bebés, escrito claramente en las caritas iluminadas por el sol y llenas de asombro de nuestros pequeños hijos mientras les contamos historias. Momento a momento, día a día, "mandamiento tras mandamiento, mandato sobre mandato, renglón tras renglón, línea sobre línea, un poquito allí, otro poquito allá" (Isaías 28:10), vislumbramos las formas en que el Señor nos está moldeando a su semejanza. No hay atajos ni fórmulas genéricas. Debemos optar por confiar en su bondad y estar dispuestas a dejar que arranque nuestra cáscara áspera hasta que se revele nuestra verdadera piel, débil y suave, y con las marcas de su gracia.

EL RETO

MADRE MEDIOCRE	MADRE EXCELENTE EN CRISTO
Tiene temor del futuro.	Confía en el plan de Dios para el futuro.
Se molesta por las dificultades y las luchas.	Acepta la adversidad para crecer.
Da prioridad a sus planes y deseos.	Da prioridad a los planes y deseos de Dios.

PASOS A SEGUIR

- Memoriza y medita en Proverbios 3:5-6: "Fíate de Jehová de todo tu corazón, y no te apoyes en tu propia prudencia. Reconócelo en todos tus caminos, y él enderezará tus veredas".

- Identifica qué aspectos de tu labor de madre te da miedo y pide al Señor que te ayude a confiar en su voluntad en cada uno de ellos.
- Elige un ejercicio de "confianza en el Señor" para hacer con tus hijos esta semana.

PREGUNTAS PARA LA REFLEXIÓN PERSONAL

¿Realmente creo que los planes de Dios para mí son mejores que los míos?

¿Estoy dispuesta a hacer cosas difíciles o que me dan miedo, aunque el mundo me diga que es una ridiculez hacerlas?

¿Estoy siendo un ejemplo de confianza en Cristo para mis hijos diariamente?

ORACIÓN

Señor, sabemos que toda buena dádiva y todo don perfecto procede de ti (Santiago 1:17), y deseamos reconocer tu bondad en todos los aspectos de nuestra vida. Abre nuestros ojos a la forma en que estás dirigiendo nuestra vida como madres para que podamos caminar con valentía en tu voluntad.

5

EL CUIDADO PERSONAL FRENTE AL CUIDADO DEL ALMA

Reconozcamos que nuestro tiempo con Cristo es mejor que nuestro tiempo personal

De los mensajes que más se pregonan en nuestra cultura (y no solo en lo que respecta a las madres), hay pocos más insistentes que el de la seductora sirena del cuidado personal.

Es una genialidad del *marketing*. Y ha saturado prácticamente todos los medios de comunicación, desde la publicidad hasta la radio. No puedo entrar en una cafetería, encender la televisión, abrir una revista, hacer fila en el supermercado o desplazarme más de tres veces por las redes sociales sin que me inunden con sugerencias como estas:

"Te mereces un descanso".

"Muchacha, necesitas…".

"Date un capricho".

"Haz lo que te haga feliz".

"Prioriza tu tiempo personal".

"Nunca está mal si te hace sentir bien".

"El cuidado personal te cuida el alma".

Hay varios problemas (desde una perspectiva bíblica) con cada una de estas afirmaciones, pero la última realmente me desconcierta, y no porque esté completamente en desacuerdo con ella.

El cuidado personal *puede* ser una manera de cuidarte el alma, pero importa mucho cómo definimos el cuidado personal. Y puedo decirte ahora mismo que casi ninguna de las formas anteriores de cuidado personal es conforme a las Escrituras, lo que las convierte en un rotundo "no" para mí y para cualquier otra mamá cristiana que busque priorizar la voz de Jesús por encima, incluso, de los lemas más bulliciosos y convincentes de nuestra cultura actual.

Nadie te pidió que fueras una mártir

Antes de sumergirme en lo que las Escrituras enseñan sobre el cuidado personal, quiero decir algo que *espero* que sea obvio, pero que puede confundirse fácilmente: Lo contrario del cuidado personal es el descuido de uno mismo, y descuidarse nunca es bueno. Ya hemos hablado del llamado de Jesús a tomar la cruz cada día y seguirlo. Está claro que la vida cristiana abnegada es importante. Sin embargo, la devoción por Cristo no es lo mismo que descuidar tus necesidades básicas o elegir ser una "mártir" en detrimento de ti misma y de tu familia. *No* dormir lo suficiente cuando tienes la opción de hacerlo, *no* ducharte cuando lo necesitas, *no* leer un libro que sería beneficioso y agradable para ti, *no* hacer ejercicio cuando mejoraría tu estado de ánimo y tu salud, y podrías hacerlo; nada de eso es un ejemplo de santidad o piedad.

George Müller, uno de los hombres más abnegados sobre los que he leído, entendía de qué se trata. Aunque dedicó la mayor parte de su vida a cuidar de los huérfanos de Bristol, Inglaterra, la mala salud a veces lo obligaba a viajar a climas más benignos, lejos de sus queridos huérfanos, durante largos períodos de tiempo. Comprendió que, aunque esos viajes lo "distraían" de su vocación principal, ni siquiera podría cumplirla si no cuidaba bien de su salud para seguir con vida.

La abnegación por sí misma nunca es un antídoto contra la perspectiva mundana del cuidado personal. De hecho, la autoflagelación intencional (física o metafórica) nos afecta negativamente en cuerpo y alma. No es más que otra versión del ascetismo. Esta filosofía herética enseña que cuanto más duros seamos con nuestro cuerpo físico y cuanto más nos neguemos incluso algunos de los placeres más sencillos que Dios ha creado para nuestro disfrute, más cerca estaremos de Él.

Si Dios pretendiera que nos acercáramos a Él mediante una negativa sistemática a disfrutar de las cosas buenas que Él ha concedido a este mundo, entonces ciertamente no tendríamos versículos como "Gustad, y ved que es bueno Jehová" (Salmos 34:8). Jesús nunca habría transformado el agua en el vino más exquisito de la boda. El sexo sería un acto clínico de reproducción en lugar de un acto placentero y unificador de intimidad dentro del matrimonio. Un Dios que pretendiera que ignoráramos nuestras necesidades y deseos más básicos nunca habría imaginado más de dos mil especies de medusas para deslumbrarnos ni habría pintado la puesta de sol con los más delicados matices durazno sobre un fondo de vivos tonos mandarina.

Servimos a un Dios que creó a las jirafas con un cuello largo y delgado, un pelaje con un patrón estilo rompecabezas y una lengua ridículamente larga, y dijo que su creación era buena. Servimos a un Dios que concedió a los recién nacidos una cabecita con el olor más delicioso con la idea de unas jugosas fresas calentadas por el sol. Servimos a un Dios que se regocija sobre nosotros con cánticos (Sofonías 3:17), y que pensó que el mundo estaba incompleto sin la contribución de genios de la música como Händel, Mozart y Beethoven.

No servimos a un Dios cascarrabias o mezquino, sino a un Dios generoso y tierno, que se complace en hacernos buenos regalos, empezando por su misma presencia.

Hagamos el esfuerzo para que Dios lo multiplique

Lamentablemente, a menudo no vemos este primer regalo como el tesoro que es, y caemos en el hábito de tratar de reemplazar su paz, "que sobrepasa todo entendimiento" (Filipenses 4:7), con soluciones rápidas que nunca nos satisfacen. Me encanta lo que mi amiga Clarita, del blog *Skies of Parchment*, señala sobre pasar tiempo en oración y en las Escrituras (lo parafraseo): "El tiempo con el Señor me recarga las pilas. Los días en que me siento demasiado llena de todo lo demás como para dedicar un tiempo para mí misma, doy prioridad a mi tiempo con *Él* y me llena como ninguna otra forma de cuidado personal podría hacerlo".

A primera vista es un poco contradictorio. ¿Dices que *no* tienes tiempo suficiente y lo dedicas a leer la Biblia? Sin embargo,

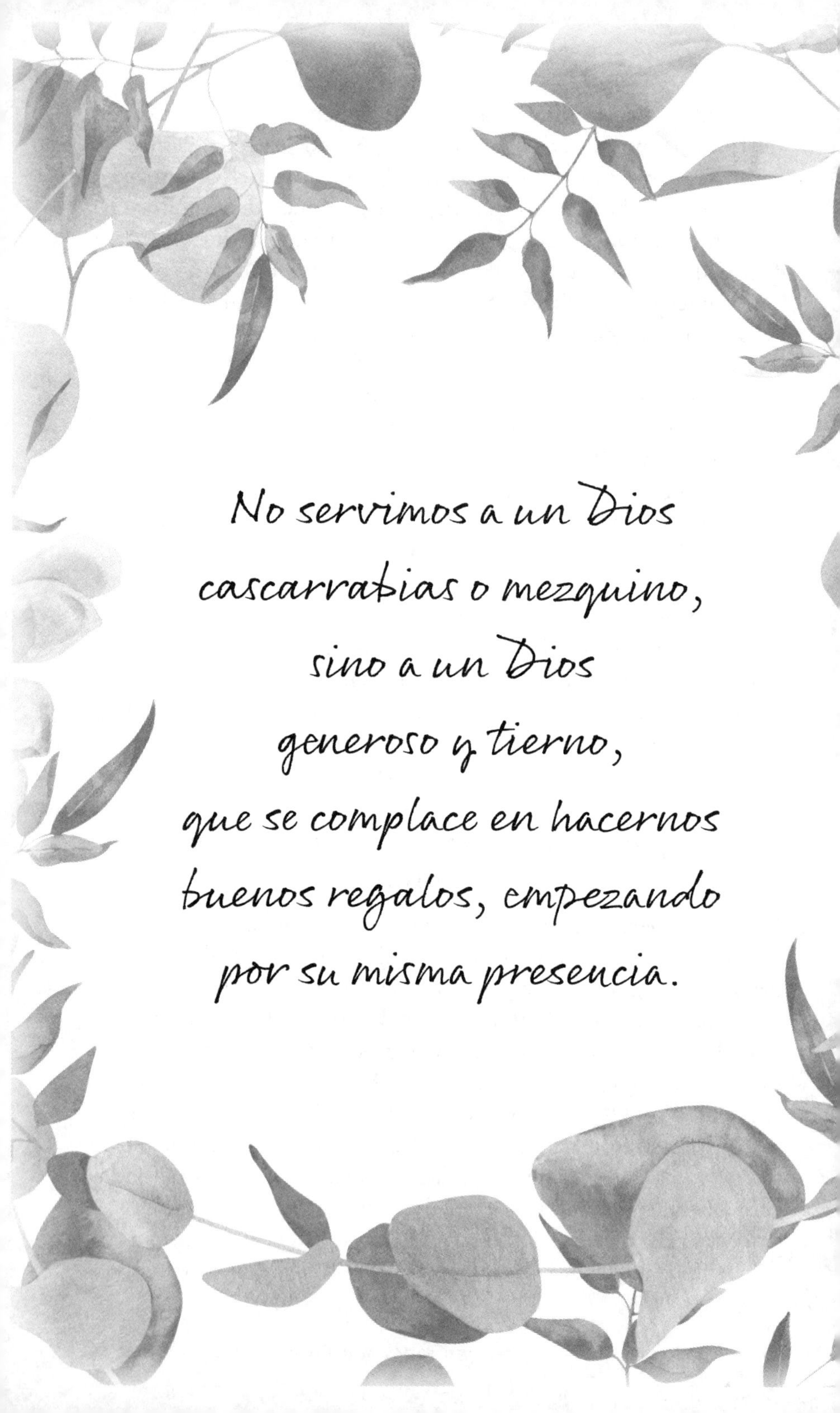

No servimos a un Dios
cascarrabias o mezquino,
sino a un Dios
generoso y tierno,
que se complace en hacernos
buenos regalos, empezando
por su misma presencia.

tal como hizo con los panes y los peces, Jesús es fiel para multiplicar nuestros esfuerzos, de tal modo que el tiempo que pasamos con Él nunca se "desperdicia" y, a menudo, multiplica cualquier esfuerzo posterior.

Tal como hizo con los panes y los peces, Jesús es fiel para multiplicar nuestros esfuerzos, de tal modo que el tiempo que pasamos con Él nunca se "desperdicia" y, a menudo, multiplica cualquier esfuerzo posterior.

George Müller (sí, un hombre inteligente) dijo una vez en respuesta a la excusa de estar demasiado ocupado para pasar tiempo con Dios, que cuatro horas de trabajo después de una hora de oración lograrían más que cinco horas sin oración.[3] Y, puesto que era un hombre que practicaba lo que predicaba y que pasó toda su vida adulta confiando en la oración, le presentaba sus necesidades al Señor con tanta confianza que se negaba a recaudar dinero para su orfanato porque creía en la promesa de Filipenses 4:19: "Mi Dios, pues, suplirá todo lo que os falta conforme a sus riquezas en gloria en Cristo Jesús".

Del mismo modo, Martín Lutero declaraba: "Tengo tanto para hacer que pasaré las tres primeras horas en oración". No puedo negar que mi primera reacción ante esta declaración es señalar que Martín Lutero *no* fue madre. La idea de que mis gemelos pequeños me permitan siquiera una hora sin interrupciones es digna de una carcajada. Sin embargo, la verdad fundamental de sus palabras es cierta: cuanto más ocupadas estamos, *más* (no menos) necesitamos al Señor. Por supuesto, si eres como yo, cuanto más ajetreado sea el día que tienes por delante, más probable es que escatimes en la oración al principio con la esperanza de que podrás "orar sin cesar" *mientras* eres productiva.

La mayoría de las veces, la verdad es que eso funciona bastante bien. Oro por mis hijos mientras refriego las manchas de su ropa sucia, por mi marido mientras friego el baño que utiliza cuando trabaja en la oficina de casa, por mis amigas mientras preparo

Mi Dios, pues, suplirá todo
lo que os falta
conforme a sus riquezas
en gloria en Cristo Jesús.

Filipenses 4:19

nuestros ejercicios de entrenamiento, por mi actitud quejumbrosa mientras corto vegetales para la cena, y por el estado del mundo mientras escribo un post en Instagram (cada vez que entro a las redes sociales, parece que el mundo necesita aún más oración que antes). Ciertamente no soy perfecta en este aspecto, pero me doy cuenta de que cuanto más intencional soy en presentar mis "peticiones delante de Dios en toda oración y ruego, con acción de gracias" (Filipenses 4:6), más equilibrada, menos estresada y más llena de paz estoy, y menos derechos reclamo.

Esto último —reclamar nuestros derechos— es uno de los mayores escollos para el cuidado personal. Me referiré a ello más adelante, pero antes, permíteme reiterarlo: Necesitamos un respiro, un descanso, una pausa. Así nos ha diseñado Dios como seres humanos, y lo vemos ilustrado en Él cuando tomó forma humana.

Marcos 1:35 dice que Jesús "salió y se fue a un lugar desierto, y allí oraba".

Marcos 3:7 señala que "Jesús se retiró al mar con sus discípulos".

En Mateo 14:13, leemos que "oyéndolo Jesús [que Juan el Bautista había sido decapitado], se apartó de allí en una barca a un lugar desierto y apartado".

Incluso pasó cuarenta días solo en el desierto. Ha habido momentos, especialmente cuando mis dos parejas de gemelos eran bebés y la lactancia continua empezaba a pasar factura, en los que pasar cuarenta días sola en el desierto no sonaba tan mal. Sin embargo, la abstinencia total de refrigerios al que se sometió Jesús es un problema. No solo de pan vive el hombre, ¡pero las madres que amamantan necesitan carbohidratos!

Bueno, me fui del tema.

Lo que quiero decir es que Jesús conocía el valor del tiempo que pasaba a solas con su Padre. Pero también conocía el valor de su ministerio terrenal, y volcaba su paciencia y sus dones en quienes lo necesitaban. Incluso cuando deseaba —ansiaba— estar solo, no era que reclamara sus derechos (otra vez esta expresión). Es que hay una diferencia entre desear (o incluso necesitar) y *merecer*.

En Marcos 7, Jesús intenta entrar en una casa sin que nadie se entere, pero se corre la voz y pronto una mujer gentil le suplica que sane a su hija. ¿Se aferra Jesús a su derecho a estar solo? No. Él sana a la hija de la mujer.

El resto del pasaje anterior de Mateo 14 revela que, incluso en medio de su dolor por la muerte de su primo, Jesús "vio una gran multitud, y tuvo compasión de ellos, y sanó a los que de ellos estaban enfermos". No sé tú, pero yo probablemente me habría marchado en otra dirección, alegando agotamiento y una necesidad urgente de "mi tiempo personal".

Piensa en todas las veces que has pensado algo parecido a "solo quiero ir al baño sola. No es mucho pedir, ¿verdad, Señor?". O "solo quiero estar diez minutos sin que me toquen. ¡Solo diez minutos!".

No puedo evitar pensar que Jesús debió sentir algo parecido cuando "viéndose… rodeado de mucha gente, mandó pasar al otro lado. Y vino un escriba y le dijo: Maestro, te seguiré adondequiera que vayas" (Mateo 8:18-19). Me pregunto sinceramente si Jesús pensó: "Por favor, no".

¿O qué me dices de todas las veces que leemos que "la multitud se agolpaba a su alrededor"? Si alguien podía estar harto de que lo tocaran, ese era Jesús. De hecho, cuando la mujer que padecía de hemorragia crónica se acerca a Jesús y queda sana, y Jesús se da cuenta, sus discípulos responden incrédulos: "Ves que la multitud te aprieta, y dices: ¿Quién me ha tocado?" (Marcos 5:31). Recuerdo perfectamente momentos en los que les leía en voz alta a mis hijos mientras estaba embarazada de mis gemelos y con un niño pequeño en mi regazo, otro de cinco años acurrucado en la silla junto a mí, y mis gemelas, sentadas sobre los brazos de la silla, apoyadas sobre mí o revolviéndome el cabello. Entre los bebés que se agitaban en mi vientre y la profusión de pequeños que me rodeaba, no sabría decir *de quién* era el codo más pegado a mis costillas. Y, aun así, no tenía a cientos de personas que forcejearan desesperadamente con la esperanza de ser sanadas.

Estoy totalmente a favor de aprovechar cualquier momento de descanso que se nos presente. Negarnos estos regalos es una insensatez y nos lleva al agotamiento. Jesús lo entendía. Por eso se esmeraba en dar prioridad al verdadero cuidado personal que era cuidar de su alma con el Padre.

Jesús se esmeraba en dar prioridad al verdadero cuidado personal que era cuidar de su alma con el Padre.

Sin embargo…

Nunca adoptaba una actitud de amargura o resentimiento cuando sus planes se veían "frustrados" por la necesidad de, bueno, todo el mundo.

Y eso, estimadas amigas, es una postura bastante difícil de adoptar. Después de todo, Jesús era Dios. Y hombre, sí, pero un hombre sin pecado. Entonces, ¿qué esperanza tengo yo, una mujer pecadora, de imitar su perfecto ejemplo? La respuesta es ninguna esperanza en absoluto sin el poder transformador del Espíritu Santo, una transformación que solo es posible cuando priorizo el cuidado del alma sobre el cuidado personal.

No obstante, la gracia es más grande que todos mis pecados, incluidas mis prioridades equivocadas.

Incluso cuando no somos perfectas en nuestra búsqueda de Dios —lo cual, seamos sinceras, es siempre—, incluso cuando nuestras prioridades se han descarrilado debido a circunstancias de la vida como un embarazo, noches de insomnio, estrés laboral, discordias maritales o niños revoltosos, Dios tiene la gracia de concedernos tiempos de refrigerio que suplen tanto nuestras necesidades físicas como espirituales. ¿Cómo lo sé? Porque estoy escribiendo esto sentada en mi restaurante vietnamita favorito mientras mi madre cuida de mis hijos en casa. Se lo pido porque es una experiencia revitalizante para mí escaparme por unas horas para escribir en un ambiente libre de interrupciones.

Incluso cuando no somos perfectas en nuestra búsqueda de Dios —lo cual, seamos sinceras, es siempre—, Dios tiene la gracia de concedernos tiempos de refrigerio que suplen tanto nuestras necesidades físicas como espirituales.

Es cuidado personal y cuidado del alma, porque ambas cosas no tienen por qué excluirse mutuamente. Puedo orar sobre las palabras que el Señor me da para escribir, pedirle que me guíe cuando me quedo en blanco, alabarlo por el boniato frito perfectamente crujiente y salado, y por el jugoso *bánh mì* vietnamés. Estos momentos a solas con el Señor, mi computadora portátil y comida deliciosa son un privilegio, *no* algo que merezca. Puedo escribir en casa y, a menudo, lo hago entre las clases y la preparación de la cena. También disfruto de esos momentos, pero es el mismo reconocimiento de que la libertad de escribir sin estorbo de vez en cuando es un regalo y no algo que me corresponda, lo que aumenta mi aprecio por ello.

Una actitud de gratitud (no es solo un dicho trivial)

Y allí, amigas mías, radica el problema. ¿Produce el cuidado personal —sea lo que sea— una actitud de gratitud en nosotras? ¿O empezamos a esperar esos privilegios con regularidad, hasta el punto de refunfuñar cuando no podemos tenerlos? En una ocasión, una lectora indignada interpretó mi afirmación de que no "merecemos" una pedicura como una forma de avergonzar a cualquiera que quiera arreglarse los pies, algo que yo no haría, pues yo misma disfruto de las pedicuras. Su reacción pone de manifiesto lo susceptibles que podemos llegar a ser cuando nuestro derecho se ve amenazado.

Lo que yo había dicho, en realidad, era que no había nada de malo en querer una pedicura, siempre y cuando no estuviéramos tan apegadas a esa posibilidad que nuestra felicidad dependiera de ello, o nos pusiéramos furiosas si no podemos ir a arreglarnos los pies.

Puede que la pedicura no sea lo tuyo. Tal vez sea una hora en el gimnasio para leer un buen libro en la cinta mientras tus hijos están en la guardería. Tal vez sea un viaje anual a una "gran ciudad" con una amiga para celebrar un cumpleaños. Tal vez sea preparar una comida fina casera sin que nadie te agarre del codo. Tal vez sea la jardinería.

Diferentes cosas revitalizan a diferentes personas. Y muchas de las cosas que nos traen alegría y descanso —incluso las aparentemente frívolas— lo hacen porque el Señor nos ha diseñado de tal manera que podemos disfrutarlas al máximo. Son una pequeña parte de "toda buena dádiva y todo don perfecto [que] desciende de lo alto, del Padre de las luces, en el cual no hay mudanza, ni sombra de variación" (Santiago 1:17).

El verdadero truco está en aprender a apreciar de verdad esos momentos de buenas dádivas, sin convertirlos en un ídolo *mientras* priorizamos el tiempo con el Dador de tales regalos. ¿Vivimos para el chocolate caliente a media tarde o tenemos sed del agua viva que Jesús ofreció a la samaritana que estaba junto el pozo en Juan 4? ¿Contamos los días que faltan para el fin de semana, cuando podemos dormir un poco, o nos reservamos quince minutos a solas con el Padre para empezar nuestro día siempre que sea posible? Felizmente, tenemos a Jesús como modelo en esto como en todo. ¿Qué pasaría si la próxima vez que escuchemos la frase "consiéntete un poco", pensáramos inmediatamente en las palabras de Cristo que declaran otra cosa?

> ¿Qué padre de vosotros, si su hijo le pide pan, le dará una piedra? ¿o si pescado, en lugar de pescado, le dará una serpiente? ¿O si le pide un huevo, le dará un escorpión? Pues si vosotros, siendo malos, sabéis dar buenas dádivas a vuestros hijos, ¿cuánto más vuestro Padre celestial dará el Espíritu Santo a los que se lo pidan? (Lucas 11:11-13).

El Señor se preocupa por nosotras. Desea cosas buenas para nosotras. Quiere lo mejor para nosotras. Estamos esculpidas en las palmas de sus manos (Isaías 49:16), y cada una de nuestras lágrimas están anotadas en su libro (Salmos 56:8). Cuando nos aferramos a la versión de nuestra cultura del cuidado personal como el remedio definitivo para nuestros males, descartamos el hecho de que el mismísimo Dios del universo fue quien nos dio el amor por los buenos libros o los baños de burbujas. Pasamos por alto el hecho de que tanto nuestra alma como nuestro cuerpo están bajo su tierno cuidado en cada momento de cada día.

Y ningún otro cuidado puede compararse con ese.

EL RETO

MADRE MEDIOCRE	MADRE EXCELENTE EN CRISTO
Su cuidado personal está centrado en sí misma.	Su cuidado personal está centrado en el alma.
Dice que no se puede servir de una vasija vacía.	Dice, en Cristo, "mi copa está rebosando".
Se siente con derecho a un "tiempo personal".	Agradece incluso por un breve descanso.

PASOS A SEGUIR

- Memoriza y medita en Filipenses 4:19: "Mi Dios, pues, suplirá todo lo que os falta conforme a sus riquezas en gloria en Cristo Jesús".
- Comprométete a dedicar tiempo al cuidado de tu alma mediante la oración y la lectura de la Palabra de Dios tres veces esta semana.
- Invierte un tiempo en tu cuidado personal en una actividad (una ducha, una sesión de ejercicio, diez páginas de un buen libro...) que te traiga alegría y te ayude a servir mejor a tu familia.

PREGUNTAS PARA LA REFLEXIÓN PERSONAL

¿Estoy utilizando el cuidado personal como excusa para autocomplacerme?

A la inversa, ¿me niego necesidades básicas en nombre de "tomar mi cruz", aunque sea perjudicial para mi salud y me convierta en una madre menos eficaz?

¿Cómo podemos mis hijos y yo elegir juntos el cuidado del alma esta semana?

ORACIÓN

Señor, tú ya sabes lo que necesitamos antes que te lo pidamos (Mateo 6:8), pero aun así deseas que acudamos a ti para que nos llenes de tu presencia. Ayúdanos a estar centradas en el cuidado de nuestras almas con tu Palabra y la oración, con la confianza de que suplirás todas las demás cosas que necesitamos porque nos amas inmensamente.

6

CUANDO SOMOS CULPABLES DE LA CULPA DE LAS MADRES

Aprendamos la diferencia entre la vergüenza y la convicción del Espíritu Santo

Tengo una confesión que puede causar extrañeza a algunas de ustedes al considerar que soy madre de muchos hijos. ¿Preparadas?

No tomo café. (Les daré un momento para que lo asimilen).

No solo no bebo café, sino que además me desagrada su sabor *y* aroma. Lo sé: muy extraño. Una vez, cuando Starbucks ofrecía una especie de sirope de temporada cargado de sustancias químicas, pero delicioso, pedí mi "habitual" chocolate extracaliente con crema en las raras veces que voy a una cafetería. (Este es mi intento de *parecer* una adulta mientras satisfago los antojos de mi niña interior de diez años). Excepto que esta vez pedí que le añadieran un chorrito de ese delicioso sirope. Había una variedad de sabores que competían en esa pequeña taza cargada de azúcar, pero tomé un sorbo e inmediatamente fruncí la cara de disgusto. Se lo ofrecí a mi mejor amiga, que adora el café, y le dije:

—Pruébalo. Tiene café.

—No. No tiene café —dijo, después de beber un sorbo y hacer un gesto de negación con la cabeza.

No obstante, tenía café, y yo lo sabía. Volví a llevar mi taza a la persona que preparó el chocolate y le pregunté si, por casualidad, le había añadido café, y se dio cuenta de que sí. *Así* de fuerte es mi aversión al café.

Me han preguntado muchas veces de dónde saco la energía, dada mi falta de consumo regular de cafeína, y la respuesta va a fastidiar a algunas de ustedes: Hasta cierto punto, simplemente la tengo. Atribuyo parte de ello a una dieta equilibrada (aunque lejos de ser estricta) y mucho ejercicio. También soy una gran aficionada a las siestas reparadoras. No puedo presumir de tener un horario siempre constante de descanso (lo dicen todas las madres) y tampoco tomo "estimulantes adictivos legales" (por citar a Joe de la película *Tienes un e-mail*). Y, sin embargo, la energía es imprescindible porque, una vez que empieza el día, hay demasiadas personas y cosas que necesitan mi atención como para arrastrarme de un lado a otro como una zombi. Así que he tenido que disciplinarme para hacer la siguiente cosa que me corresponde hacer, incluso cuando no tengo ganas.

Escapemos del torbellino de la condena

Ni por un momento te imagines que soy una especie de máquina que supera cada momento de agotamiento con una sonrisa en el rostro al estilo de *Las mujeres de Stepford*. Sin embargo, he aprendido que hacer cosas difíciles, cosas tediosas, cosas necesarias, es, en sí mismo, una recompensa a veces. Porque las cosas que "hiciste" no se vuelven en tu contra como las que "no hiciste". Solo puedo ignorar el cesto de la ropa sucia por un tiempo muy limitado antes que amenace con inundar todo el lavadero. Y entonces es probable que se inicie en mi mente un ciclo de pensamientos: "¿Por qué hiciste eso? Ahora te llevará mucho tiempo ponerte al día. ¿En qué estabas pensando?". Actualmente, cuando estoy cansada prefiero hacer algo en vez de no hacerlo y pasarme luego dos horas, que consumen mi energía, castigándome por no haberlo hecho.

El sentimiento de "culpa de las madres" es apropiado solo si somos realmente culpables del lodo que nuestro propio cerebro nos está arrojando.

Después de haber recibido muchísimos correos electrónicos de lectoras sobre el sentimiento de "culpa de las madres", sé que no soy la única que puede quedar atrapada en ese torbellino que nos lleva a condenarnos a nosotras mismas. Pasaron años de lucha y oración contra esa voz en mi cabeza, que me decía que no estaba "haciendo lo suficiente", antes que pudiera asimilar completamente un par de verdades sencillas pero transformadoras:

1. El sentimiento de "culpa de las madres" es apropiado solo si somos realmente culpables del lodo que nuestro propio cerebro nos está arrojando.
2. Dios está mucho más interesado en nuestra santidad, que en una letanía diaria de nuestros defectos (aunque es muy amable y paciente con nosotras cuando desahogamos nuestras frustraciones).

He tenido días en los que me levanto temprano, doy mi clase de entrenamiento con pesas, llego a casa, sirvo a mis hijos un desayuno nutritivo y luego me sumerjo en el ajetreo de las tareas de escolarización en casa, los correos electrónicos, hacer la comida, amamantar a los bebés, leerles a los pequeños, limpiar la casa, atender a mi marido e, incluso, responder lo más pronto posible los mensajes de texto de mis amigas, solo para reprenderme por haber "fracasado" cuando caigo en la cama, agotada, a las once de la noche con cinco cosas sin hacer de "mi lista".

Se trata de, lisa y llanamente, un injustificado sentimiento de culpa como madre.

También he tenido días en los que he pasado demasiado tiempo en el teléfono, distraída con las redes sociales o intentando encontrar el mejor precio de una alfombra para el comedor. Mis hijos solo tienen mi atención parcial, la cena es un caos y, cuando caigo en la cama, me siento angustiada y culpable de no haber hecho lo mejor. ¿Y sabes qué? Estoy en lo cierto. Esa culpa —o, más bien, convicción del Espíritu Santo— es justificada porque ese día realmente no abordé mi profesión de madre con excelencia "como para el Señor" (Colosenses 3:23).

No soy la capitana de este barco

El denominador común entre estas dos situaciones me trae convicción de pecado. En ninguna de las dos situaciones hice un

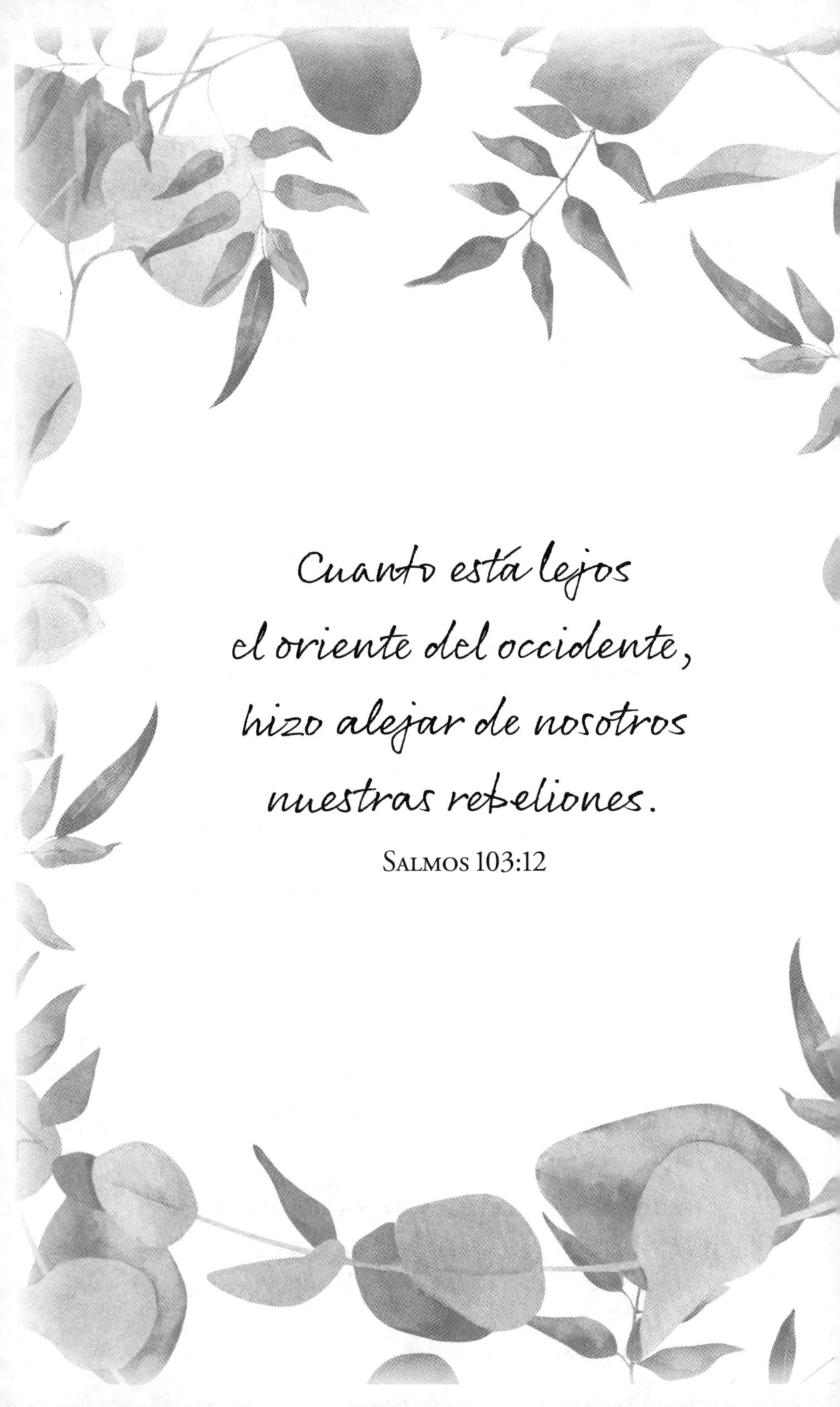

Cuanto está lejos
el oriente del occidente,
hizo alejar de nosotros
nuestras rebeliones.

Salmos 103:12

buen trabajo en encomendar mi camino al Señor (Salmos 37:5) al comienzo de mi día. Cuando me levanto y me pongo en marcha, a toda velocidad, sin antes tomarme el tiempo de pedir al Señor que me ayude a prestar atención a sus planes para mi vida ese día, soy más propensa a ver mi "rendimiento" final a través del ojo crítico de una perfeccionista. Por otro lado, cuando me olvido de pedir primero al Señor que me ayude a estar concentrada y me dé disciplina para cumplir bien mis tareas, puedo dejar que mis intereses me gobiernen a mí, y no al revés. (¿Recuerdas la cita de George Müller con respecto a que cuatro horas de trabajo después de una hora de oración lograrían más que cinco horas sin oración?).

El hecho es que no hay ningún precedente bíblico de que seamos "suficientes" en nuestras propias fuerzas. Por el contrario, uno de los versículos más amados de las Escrituras nos exhorta: "Fíate de Jehová de todo tu corazón, y no te apoyes en tu propia prudencia. Reconócelo en todos tus caminos, y él enderezará tus veredas" (Proverbios 3:5-6).

Tomar la decisión consciente de confiar en el Señor para mis tareas cotidianas elimina la presión de una mentalidad centrada en mi rendimiento. Ya no me veo como el capitán de mi barco, y mi valor ya no se define por el número de tareas realizadas que marco de mi lista. No solo eso, sino que cuando la vida inevitablemente interfiere con mis planes, puedo estar segura de que también eso puede redundar para mi bien (Romanos 8:28). Cuando asimilamos la verdad de que Dios es quien dirige nuestros caminos, esos veinte minutos inesperados que pasamos arrastrándonos en busca del zapato perdido de tu hijo pequeño *con* ese niño ya no son un obstáculo para nuestra productividad. Por el contrario, es un tiempo lleno de un propósito que solo puede provenir de un Dios omnisciente y amoroso, que está más preocupado por desarrollar nuestra paciencia y empatía (porque también extraviamos zapatos) que por vernos cumplir con nuestras listas de tareas pendientes. También es una oportunidad para que "por nada [estemos afanosas], sino sean conocidas [nuestras] peticiones delante de Dios en toda oración y ruego, con acción de gracias" (Filipenses 4:6). He perdido la cuenta de cuántas veces he buscado un objeto particularmente escurridizo solo para darme cuenta al final de que aún no me he detenido a pedir a Dios que me ayude a encontrarlo, y luego, cuando lo hago, levanto un almohadón y descubro que estaba al alcance de la mano.

Quitémonos el manto de competencia absoluta

Tal vez te sientas culpable porque te preocupa no estar repartiendo tu tiempo de manera equitativa entre tus hijos.

Tal vez te sientas culpable porque tu hijo está enfermo y te preguntas qué podrías haber hecho para evitarlo.

Tal vez te sientas culpable porque has vuelto a perder la paciencia.

Tal vez te sientas culpable porque no disfrutas de la etapa en la que se encuentra tu hijo.

Tal vez te sientas culpable porque estás en una temporada abrumadora, y parece que no llegas a "hacerlo todo" como antes.

Tal vez te sientas culpable porque tus hijos no hacen tantas actividades como sus compañeros.

Tal vez te sientas culpable porque no consigues hacer tantas cosas al día como tu vecina Becky.

(Por cierto, estas son preocupaciones reales expresadas por lectoras reales a las que he encuestado sobre este tema).

He aquí la verdad: "Cuanto está lejos el oriente del occidente, hizo alejar de nosotros nuestras rebeliones" (Salmos 103:12).

También: "Si confesamos nuestros pecados, él es fiel y justo para perdonar nuestros pecados, y limpiarnos de toda maldad" (1 Juan 1:9).

Además: "Con tu amor me guardaste de la fosa destructora, y les diste la espalda a todos mis pecados" (Isaías 38:17, NVI).

La buena noticia es que, aunque *todas* nacemos bajo la maldición del pecado y la muerte, Cristo cargó con todo el peso de esa maldición en la cruz. Nuestra deuda está totalmente pagada. Estamos libres de culpa ante el trono de la gracia.

Aleluya, ¿verdad?

Entonces, ¿por qué a veces nos sentimos tan acosadas por la culpa de las madres y por cosas sobre las que a menudo tenemos poco control?

En primer lugar, como mencioné anteriormente, a menudo nos sentimos culpables porque estamos asumiendo un manto de responsabilidad que nunca nos correspondió llevar: el manto de la competencia absoluta. Vivimos penosamente cada día con la suposición de que no es posible que Dios se preocupe por nuestras

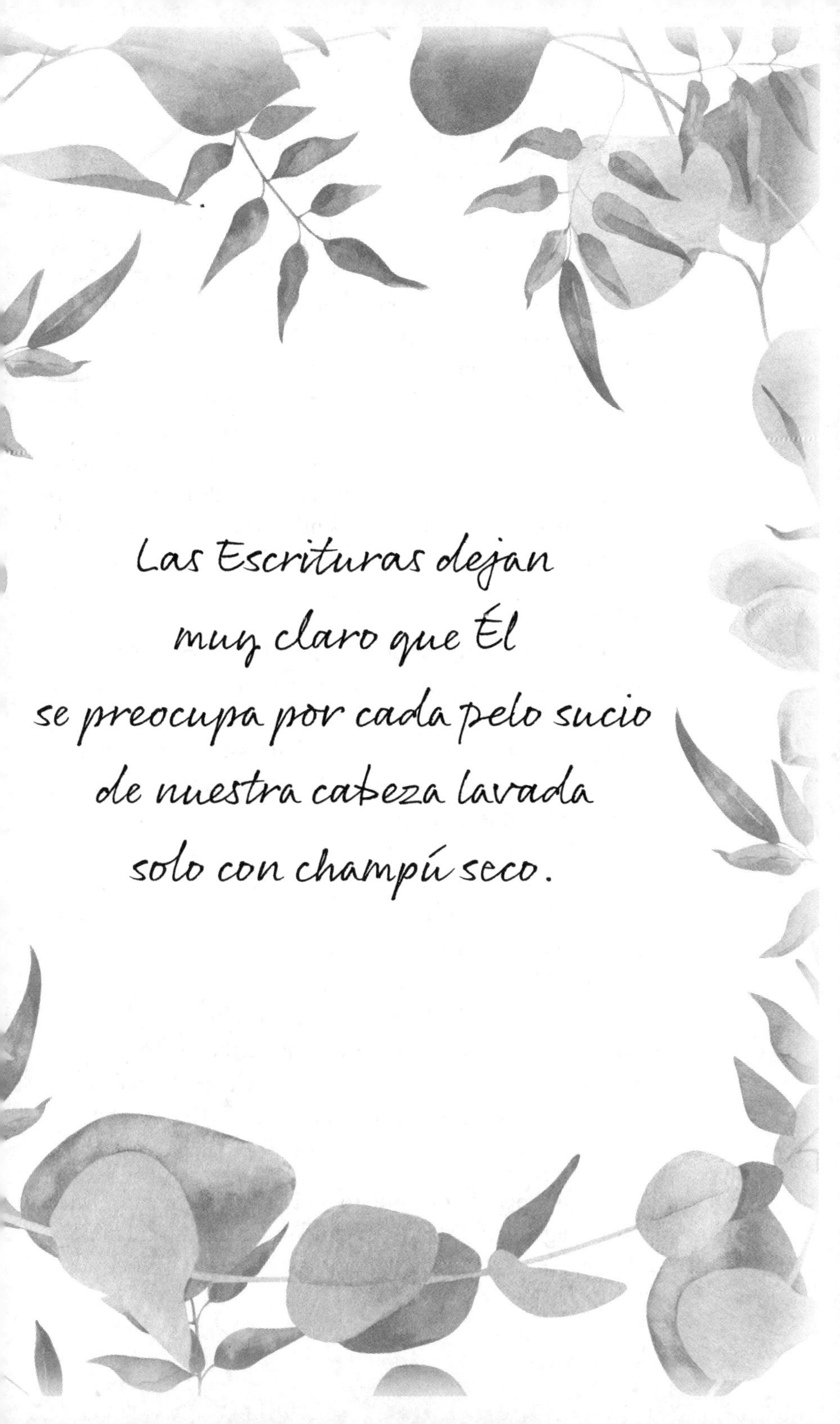

Las Escrituras dejan
muy claro que Él
se preocupa por cada pelo sucio
de nuestra cabeza lavada
solo con champú seco.

situaciones cotidianas, lo que significa que debemos resolverlas por nuestra cuenta, cuando las Escrituras dejan muy claro que Él se preocupa por cada pelo sucio de nuestra cabeza lavada solo con champú seco. Cuando confío sistemáticamente mis caminos (todos ellos) al Señor, ese pesado manto se desprende de mis hombros y puedo mantenerme erguida en la confianza de que Cristo es "suficiente".

En segundo lugar, cuando no invitamos al Señor a participar de todos los aspectos de nuestra vida cotidiana, nos exponemos al ataque de Satanás. Como señala 1 Pedro 5:8: "Sed sobrios, y velad; porque vuestro adversario el diablo, como león rugiente, anda alrededor buscando a quien devorar". A Lucifer nada le gustaría más que engordarnos con mentiras de falsa condenación y luego engullirnos enteras. No puede quitarnos la salvación, pero puede robarnos la paz si se lo permitimos. Él es "padre de mentira" (Juan 8:44), y nada le gusta más que enredarnos en una red de vergüenza y egocentrismo.

Mentira: "Siempre llegas tarde".

Verdad: "Últimamente he llegado tarde varias veces porque mi hijo de tres años está muy rebelde en estos momentos, y es más importante dedicar tiempo a tratar con cariño sus rabietas que simplemente sacarlo a tirones por la puerta para poder llegar a tiempo. La semana que viene lo planificaré mejor".

Mentira: "Nunca dejarás de perder la paciencia".

Verdad: "Estoy luchando con la paciencia en este momento, pero puedo arrepentirme de eso y ser perdonada. Ya no soy esclava del pecado (Romanos 6)".

Mentira: "Ella sobresale en todo lo que hace, y tú apenas puedes con tu vida. Nunca estarás a la altura de ella".

Verdad: "Ella necesita la gracia de Dios tanto como yo, e incluso cuando no soy sabia según los criterios humanos; Dios escoge 'lo débil del mundo… para avergonzar a lo fuerte' (1 Corintios 1:27). Todavía hay esperanza para mí".

Podría seguir, pero lo que quiero señalar es que creemos hasta las más extravagantes falsedades cuando no estamos fundadas sobre la Palabra de Dios. No hay mejor cura para el engaño que la medicina de las Escrituras.

En tercer lugar, hasta que lleguemos al cielo, seguiremos destituidas de la gloria de Dios todos los días. Desechar toda culpa de las madres como "mentiras de Satanás" o "expectativas poco realistas de la sociedad" puede enmascarar la verdad de que realmente somos culpables de lo que el Espíritu Santo nos está susurrando al oído. En 2 Corintios 13:5 (NVI) se nos exhorta: "Examínense para ver si están en la fe; pruébense a sí mismos. ¿No se dan cuenta de que Cristo Jesús está en ustedes?".

Si Jesús está en nosotras, no hay miedo de hacer un sincero autoexamen, porque "Si Dios es por nosotros, ¿quién contra nosotros?" (Romanos 8:31). Podemos reconocer áreas para mejorar sin hundirnos en la desesperación. Podemos recibir la amonestación oportuna de una amiga sin ponernos a la defensiva. Podemos abordar los puntos ciegos sin dejar que definan cuánto valemos.

Es algo así como ese chocolate caliente con sabor a café que mencioné antes. Sé que muchas de ustedes pensarán que es poco menos que un sacrilegio comparar su bebida favorita con el pecado, pero cuando realmente aborrecemos algo lo suficiente como para reconocerlo de inmediato por lo que es, no podremos tolerarlo, ni siquiera en pequeñas cantidades. Ojalá estemos tan en sintonía con las normas de santidad de Dios, que realmente "[aborrezcamos] lo malo" y "[sigamos] lo bueno" (Romanos 12:9). Que podamos estar agradecidas por esa punzada de convicción genuina que nos ayuda a arrepentirnos rápida y completamente de lo que sea que nos esté robando el amor de Cristo.

La cultura de las madres mediocres nos dirá que el sentimiento de culpa de las madres es una herramienta de la sociedad, de los hombres o de nuestras propias madres para controlarnos (escoge la opción que quieras), y que debemos ignorarla porque somos perfectas tal como somos. La Biblia declara: "No hay justo, ni aun uno" (Romanos 3:10); pero, a pesar de eso, nada "nos podrá separar del amor de Dios, que es en Cristo Jesús Señor nuestro", y "somos más que vencedores por medio de aquel que nos amó" (Romanos 8:37-39).

La propuesta del mundo representa una base endeble y falsa de fanfarronadas, que *se desmoronará* ante las noches de insomnio, los cambios hormonales y los "días malos". La propuesta bíblica promete la liberación del control circunstancial en favor del crecimiento y santificación diarios.

No sé tú, pero yo prefiero vivir en libertad todos los días de la semana.

EL RETO

MADRE MEDIOCRE	MADRE EXCELENTE EN CRISTO
Considera malsanas a todas las formas de culpa.	Reconoce que es culpable de pecado.
Elige un evangelio de amor propio carente de significado.	Se gloría en el evangelio de la obra completa de Cristo en la cruz.
Encuentra su valor solo en los resultados.	Elige la satisfacción en Cristo.

PASOS A SEGUIR

- Memoriza y medita en Romanos 8:1: "Ahora, pues, ninguna condenación hay para los que están en Cristo Jesús".
- Haz una lista de tres mentiras que Satanás quiere que creas de ti como madre, y luego busca la verdad en las Escrituras.
- Pide al Señor que te revele un área de genuina convicción del Espíritu Santo y cómo abordarla.

PREGUNTAS PARA LA REFLEXIÓN PERSONAL

¿Estoy permitiendo que el sentimiento falso de culpa de las madres me mantenga atrapada en la condenación?

Por otro lado, ¿estoy ignorando áreas que necesito mejorar porque estoy creyendo el mensaje del mundo que pregona "eres perfecta tal como eres"?

¿De qué manera puedo mostrar a mis hijos esta semana que estoy en sintonía con el Espíritu Santo?

ORACIÓN

Señor, has alejado nuestros pecados de nosotras como lejos del oriente está el occidente (Salmos 103:12), y tienes la gracia de convencernos de pecado cuando no hacemos como madre lo que enseñan las Escrituras. Fortalece nuestra voluntad para resistir las mentiras condenatorias de Satanás, y ablanda nuestros corazones para aceptar la convicción del Espíritu Santo.

7
LA PROFESIÓN DE MADRE

Aceptemos nuestra vocación primordial frente al desdén cultural

Mi mejor amiga y yo tenemos un negocio de estampados artísticos y, durante sus comienzos, se nos presentó lo que parecía una oportunidad de oro. Nos invitaron a ofrecer pequeños lotes de nuestros estampados como parte de una bolsa de obsequio para cada mesa en una conferencia en la que participaban varias mujeres cristianas "poderosas". Estábamos entusiasmadas. Solo reconocí dos de los nombres del panel y, aunque sabía que probablemente no estaría completamente de acuerdo con la creencia de la que más había oído hablar, no era una cuestión de herejía. Y *era* una gran oportunidad para hacer contactos de negocios, por no mencionar una excusa para una escapada femenina de fin de semana.

Preparamos con entusiasmo nuestros productos y luego emprendimos un viaje por carretera de varias horas con un par de mujeres más, riendo, charlando y parando demasiadas veces a tomar café (un refresco helado para mí). Las entradas para la conferencia se habían agotado y parecía el sueño de cualquier mujer amante de Pinterest y de Instagram (había muchas "*influencers*" entre el público). Había luces intermitentes, rótulos de mesa rústicos escritos a mano, sillas blancas sobre un césped verde, música suave y comida deliciosa.

Debería haber sido una noche para recordar. Y en muchos sentidos lo fue, pero no por las razones que yo esperaba. De hecho, cuando empezó la mesa redonda, sentí que mi optimismo se desinflaba. No recuerdo el título exacto del tema, pero la esencia era "equilibrar el rol de madre y la profesión".

"Soy madre"

Todas las mujeres del panel tenían una carrera *freelance* a tiempo completo. En otras palabras, eran sus propias jefas y manejaban su propio tiempo mientras producían sus diversos productos (libros, sitios web de compras, joyas, etc.). Reconocían abiertamente que esa autonomía tuvo un inconveniente importante en aspectos como el cuidado de los hijos, el horario regular y el equilibrio general entre la familia y el trabajo.

Antes que te pongas nerviosa, entiende que este no es un capítulo sobre los pros y los contras de tener un carrera aparte de ser madre. Doy clases de gimnasia. Tengo un blog, escribo libros y dedico tiempo a las redes sociales. Tengo ese negocio de estampados artísticos que he mencionado. Está claro que no tengo ningún problema con hacer cosas que produzcan ingresos y requieran habilidades más allá de las inherentes a toda madre. (Y sería difícil encontrar en las Escrituras una acusación contra la mujer trabajadora, sobre todo si observamos a la mujer de Proverbios 31 y la excelencia con que se dedicaba a la administración del hogar, la producción de ropa y la compra de propiedades). Sin embargo, si me preguntaran cuál es mi *profesión*, como madre que escolariza a sus hijos en casa y que pasa el 90% del día con ellos, diría sin dudarlo: "soy madre".

Las mujeres de este panel no solo eran todas madres, sino que todas tenían al menos tres hijos. Dos tenían cinco. Eran mamás de muchos hijos según los estándares occidentales. Esto no convierte a nadie en más o menos madre que alguien con menos o más hijos, pero para nuestra cultura, cuantos más hijos se tienen, más fuerte parece ser la correlación entre la identidad y la labor de madre. Y, no obstante, dudo que ninguna de estas mujeres talentosas, elocuentes y ambiciosas haya reivindicado la labor de madre como su profesión. Y la razón por la que lo dudo es por los consejos que ellas mismas daban con tanta autoridad y al borde del desdén.

"Nadie tiene tiempo para eso" (en referencia a las interrupciones de los niños pequeños en horas de trabajo).

"No me malinterpreten: adoro a mis hijos, pero doy gracias a Dios por la educación pública, porque si no, nunca podría trabajar de verdad".

"Soy mi propia jefa. Me niego a sentirme culpable por serlo. Tengo empleados que me necesitan".

"Sé que mis hijos están orgullosos de mí por lo duro que trabajo. Lo entenderán algún día, cuando tengan su propio trabajo".

Abordaron temas como las actividades extraescolares (hicieron algunas puntualizaciones realmente buenas), el sentimiento de culpa de las madres (que descartaron como invento de una sociedad patriarcal) y una "luz al final del túnel" (que abordaré en un momento).

Mientras escuchaba, noté una clara falta de respaldo bíblico para la mayoría de sus conceptos, muchos de los cuales, aunque a veces útiles de forma práctica, estaban firmemente arraigados en las costumbres culturales populares modernas sobre la mujer y su rol de madre. Muchos de sus comentarios tenían un extraño parecido con las actitudes de apatía o desafío que he definido como "mediocres" en mi primer capítulo, aunque ninguna de estas mujeres podría *jamás* calificarse como mediocre según los estándares de la "cultura del exceso de trabajo".

Cuanto más hablaban, más ajena me sentía y, sin embargo, al mirar a mi alrededor, me di cuenta de algo que despertó mi interés. La mayoría de las mujeres presentes eran jóvenes, atractivas y "ambiciosas", y absorbían los consejos que estas "ambiciosas" algo mayores y atractivas les daban como si fueran el agua que Jesús ofreció a la samaritana en el pozo.

Y es comprensible.

Las oradoras eran atractivas, incluso magnéticas. Eran ingeniosas, hablaban bien y tenían mucho éxito. Representaban a las que ya habían llegado a la cumbre de los logros de las mujeres cristianas. Desde entonces, la mayoría de ellas han logrado mucho más, transformándose de pequeñas celebridades de los medios sociales a nombres conocidos influyentes con millones de seguidores y multimillonarias ventas de libros.

Es desalentador ver que varias de ellas se han alejado por completo del cristianismo bíblico y, en su lugar, han optado por promover una versión de Jesús que no existe en las páginas de las

Escrituras y por hacer declaraciones audaces sobre cuestiones que van en contra de las claras enseñanzas de la Biblia.

Mientras estaba sentada escuchando, procesando, observando y sintiendo la punzada de convicción del Espíritu Santo, no pude evitar reconocer que, sin una base sólida en las Escrituras, podría haber encontrado muy atractiva la versión de madre que promulgaban como muchas de mis compañeras habían hecho.

La (tenue) luz al final del túnel

Aun así, no pude evitar estremecerme cuando la moderadora del panel insistió en el último punto: esa "luz al final del túnel" que he mencionado antes.

"Sé que muchas de ustedes tienen un sueño en el corazón —dijo—. Dios puso esos sueños allí. Y las creó con un propósito específico. Él conoce el impulso y la pasión que sienten. Sabe cuánto anhelan desplegar sus alas y volar hacia el propósito que dispuso para cada una de ustedes; pero también les dio esos dulces niños, y solo estarán con ustedes todo el día por un corto tiempo, aunque pueda parecer mucho. Así que, no se rindan, mamás. Se acerca el momento de ustedes. Antes que se den cuenta, sus hijos irán a la guardería y por fin serán libres para dedicarse a la vocación que Dios les ha dado. Limpiar el trasero de sus hijos o leerles cuentos no será 'lo único' que siempre harán. *Ya llegará su momento*".

Entendí exactamente lo que quiso decir. Escribí una novela (que permanecerá inédita para siempre, amén) cuando tenía veinticuatro años y me dedicaba a enseñar español a tiempo parcial y a cuidar de mi primer bebé. Y, al año siguiente, con dos hijos muy pequeños a mi cargo, dediqué todos mis ratos libres a buscar agentes para esa novela y a investigar el proceso de publicación. Todo eso ocurría mientras construíamos nuestra primera casa por nosotros mismos sin ayuda profesional. Así que, los momentos "libres" eran pocos y recuerdo sentirme frustrada al entrar a revisar mi correo electrónico solo para oír a mi hijo de seis meses empezar a despertarse de su siesta habitual demasiado pronto.

Tenía un "sueño en mi corazón" de escribir un libro, pero Dios también me había dado "esos dulces niños". ¿Qué iba a hacer?

Cuanto más lo pensaba, oraba sobre ello y leía la Biblia, más me daba cuenta de que tenía ese orden al revés. Dios me había dado el extraordinario privilegio de criar hijos para sus propósitos y su gloria, *y* además (no como prioridad) me había dado el sueño de escribir y publicar un libro. Tuvieron que pasar más de doce años —nueve de los cuales los pasé escribiendo un blog y perfeccionando mi posición y mi énfasis— y *ocho* hijos más antes que *Él* (no yo) considerara oportuno orquestar todas las circunstancias que permitirían que esos dos sueños coexistieran.

A final de cuentas, mi problema con la exhortación de la líder del panel no era que no entendiera su atractivo. El problema era que conocía su atractivo demasiado bien, y sabía que prometía grandes resultados, pero que en la mayoría de los casos producía frustración. La fricción constante de intentar "equilibrar" mi profesión de madre y de escritora hacía que mis emociones estuvieran a flor de piel. Me producía resentimiento hacia mis propios hijos cuando no podía escribir cuando quería. Y luego, por supuesto, me sentía culpable por resentirme con ellos.

No fue hasta que dejé de luchar por dividir mi tiempo en partes iguales y ordenadas de trabajo como escritora y como madre, que pude finalmente lograr lo que solo puedo describir como una sensación de paz y, sí, de alivio que me dio Dios.

Cuando acepté mi profesión de "mamá", el resto de mis intereses encajaron en su sitio. No he dicho que desaparecieran. Seguí escribiendo e incluso abrí un blog cuando mi tercer bebé tenía siete meses. Publiqué un *post* en ese blog cinco días a la semana durante casi un año (una locura) y, durante ese tiempo, el Señor me impulsó a recalibrar mi enfoque varias veces. Casi al final de ese primer año, me enteré de que estaba embarazada de Evy y Nola, y el Señor dejó muy claro que tenía que dar marcha atrás y volver a concentrarme. Estoy muy agradecida de que lo hiciera, no solo porque tengo a mis dulces Evangeline y Magnolia como resultado de ello, sino también porque me habría sido más difícil mantener mi enfoque "profesional" en el objetivo sin que mis circunstancias lo requirieran. Mi blog estaba creciendo rápidamente, y la tentación de dar prioridad a todos los extraños que clamaban por mi atención por encima de mi propia familia era fuerte a veces.

Cómo encontrar el reconocimiento ideal

La verdad sobre el rol de madre como profesión es que puede ser un poco ingrata, sobre todo cuando nuestros hijos son muy pequeños. En un lugar de trabajo tradicional, el jefe reparte premios al "empleado del mes". O nos coloca delante de las narices una bonificación adicional de Navidad para motivarnos. Mis hijos pequeños me han puesto en la cara una variedad de cosas a veces, pero la mayoría de ellas han sido sustancias viscosas, y ninguna se ha parecido ni remotamente a billetes (a menos que hayan estado rebuscando en mi bolso otra vez).

O quizá, si somos nuestros propios jefes, *nos* demos un "gusto" como recompensa cuando alcancemos un determinado objetivo. Una de las oradoras de ese panel mencionó que, una vez cuando alcanzó cierto objetivo profesional, se regaló un viaje al balneario favorito de Oprah, una experiencia que llevaba años en su lista de deseos profesionales. Para ella, ese viaje significaba haber "triunfado".

Entonces, ¿cómo podemos seguir avanzando por las trincheras de las madres de forma casi anónima sin desanimarnos? (No digo que ser madre sea siempre un camino duro, pero puede serlo). ¿Cómo sabemos que hemos "triunfado"? Al fin y al cabo, todo el mundo necesita que alguien nos diga "bien hecho" de vez en cuando, ¿no es cierto?

La respuesta corta es un "sí" rotundo, pero la respuesta más larga es un poco más compleja.

Si realmente creemos que no podemos seguir haciendo un buen trabajo sin un reconocimiento, a menudo nos decepcionaremos. Puede que nuestro marido no se dé cuenta de que hemos fregado el piso por primera vez en meses, y eso nos haga pensar que es un patán desagradecido. O la tía Mildred haga otro comentario pasivo-agresivo sobre lo mucho mejor que fulanita mantiene a sus hijos con un aspecto decente (pista: probablemente hace el mismo comentario a fulanita), a pesar de que hemos estado haciendo un esfuerzo monumental para pasar un cepillo por el cabello enredado de nuestros hijos todos los días mientras evitábamos que entrara en erupción nuestro Vesubio personal de la ropa sucia.

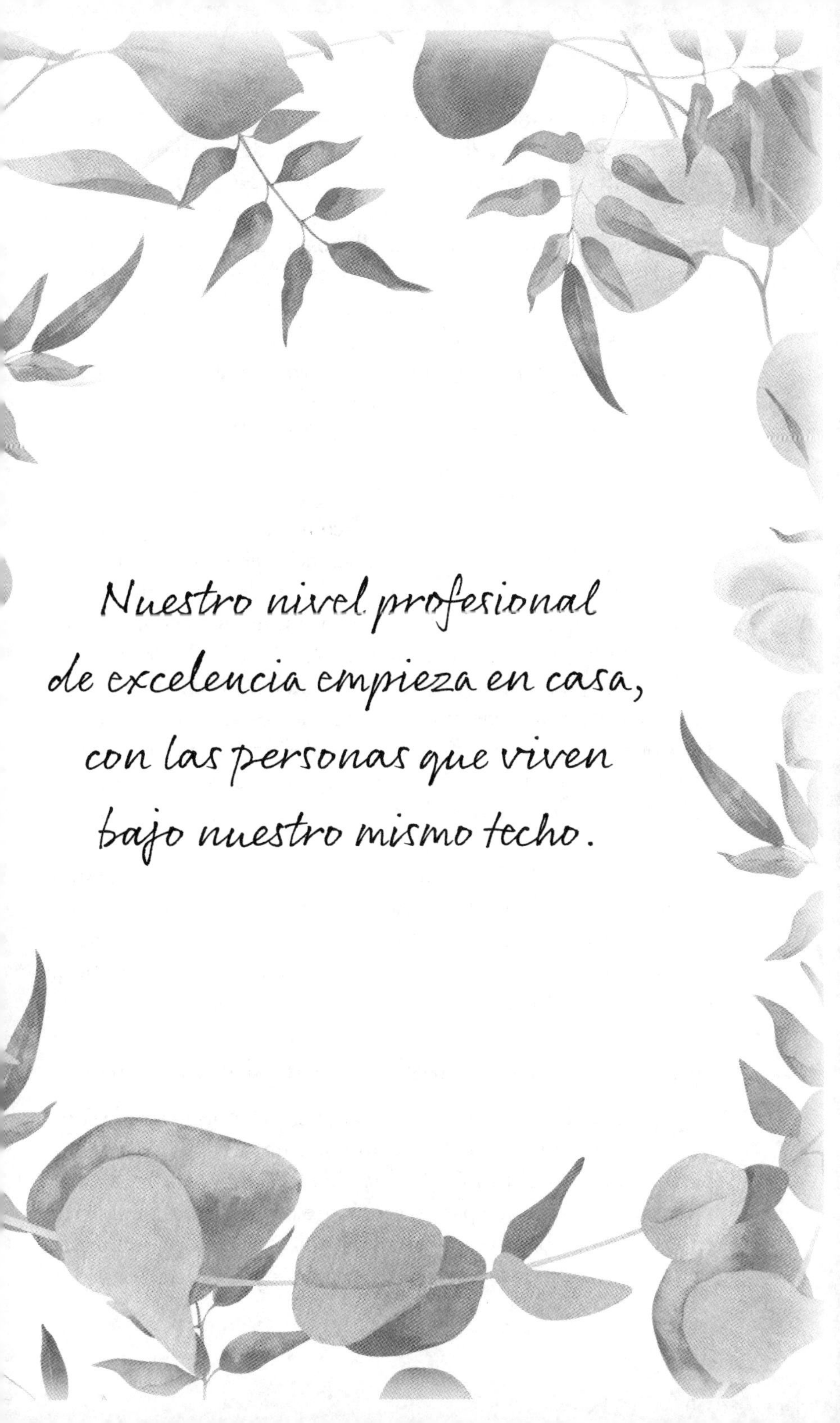

Nuestro nivel profesional
de excelencia empieza en casa,
con las personas que viven
bajo nuestro mismo techo.

La verdad es que el Señor "no mira lo que mira el hombre; pues el hombre mira lo que está delante de sus ojos, pero [el Señor] mira el corazón" (1 Samuel 16:7). Nuestros pisos relucientes y nuestras impecables trenzas francesas significan muy poco si nuestros corazones están llenos de fastidio porque no se nota el esfuerzo que hacemos. Por otro lado, cuando elegimos la excelencia en lo que hacemos como madres (*comoquiera* que el Señor nos lo haya revelado, porque podría ser muy diferente a una casa siempre limpia y un cabello bien peinado), *siempre* nos espera un "bien hecho" en las páginas de las Escrituras.

En Efesios 6:7-8, Pablo exhorta a los esclavos a "[servir] de buena voluntad, como al Señor y no a los hombres, sabiendo que el bien que cada uno hiciere, ese recibirá del Señor, sea siervo o sea libre". Sabemos por Romanos 6 (y muchos otros pasajes) que somos "[siervas] de Cristo" de la mejor manera posible, lo que significa que este acto de trabajar para la aprobación de Dios y no de "los hombres" se aplica a todos. Y viene con la promesa de una retribución del bien por parte del Señor: el mejor "bien hecho" que existe.

No solo eso, sino que tenemos un modelo bíblico en Tito 2 para rodearnos de la clase de mujeres que nos animarán en nuestro objetivo de "tener éxito" en la profesión de madre. A veces es difícil encontrar ese tipo de sabiduría personalmente (ya he hablado de cómo oré por este tipo de mentora durante años antes que el Señor trajera a varias mujeres que estaban dispuestas a derramar su sabiduría y estímulo en mi vida), pero para eso están los libros, los pódcasts y los blogs. (Quiero decir, estoy segura de que Rut se alegró de tener a Noemí porque desde luego no tenía acceso a todos los recursos que tú y yo tenemos). Sobre todo, para eso está la Biblia.

El alto nivel profesional empieza en casa

Oportunidades para recibir y dar aliento como madres abundan, pero también hay distracciones. También están las comparaciones, el "egoísmo" y la "vanidad" (Filipenses 2:3, NVI). Después de todo, ¿qué pasa si ser madre no es lo mío? ¿Y si no es en eso donde obtengo mi principal validación? ¿Y si realmente siento que fui llamada a algo diferente, más grande, más elevado?

Estoy a punto de incomodar a muchas al expresar esto, pero te lo diré sin rodeos: si ya *eres* madre, ninguna otra profesión que puedas pretender durante tu etapa principal de madre puede superar a la de tu trabajo como madre. ¿Por qué? Porque ninguna otra cosa tiene el potencial de influenciar las almas eternas de los preciosos seres humanos que te han sido confiados (y a nadie más) tanto como el acto de adoración que es dejar de lado tus otros intereses para concentrarte en amar bien a tu familia.

Si ya eres madre, ninguna otra profesión que puedas pretender durante tu etapa principal de madre puede superar a la de tu trabajo como madre.

Esto no quiere decir que ser madre sea la vocación más elevada que existe. No lo es. La soltería puede ser igual de sagrada. No tener hijos puede honrar a Dios. Si eres mujer y no eres madre, no estás disminuida en tu capacidad o valor.

Sin embargo, si ya *somos* madres y no estamos dando prioridad a ese trabajo, alguien está sufriendo como resultado. (Pista: nosotras mismas *y* nuestros hijos.) No solo eso, sino que estamos menospreciando nuestra profesión de madre de una forma que (es de esperar) nunca haríamos en ningún otro ámbito de nuestras vidas. Cuando veo memes de "madres mediocres" que explican que para sobrevivir al cuidado de tus hijos debes beber durante el día o esconderte en el armario y comerte un paquete de galletas de chocolate mientras tu hijos se desbocan, no puedo evitar preguntarme si es la misma forma en que esta persona afronta su trabajo "real". Y me pregunto: "¿Y si llegara tarde al trabajo todo el tiempo? ¿O llevara siempre ropa inapropiada para el puesto? ¿O prestara poca atención cuando hablaban mis compañeros de trabajo? ¿O respondiera siempre de forma grosera cuando se dirigían a mí? ¿O me quejara constantemente? ¿O hablara siempre con sarcasmo? ¿O menospreciara a mi jefe?

La respuesta: seguro que no me elegirían como empleada del mes. Y con razón. No estaría dando a mi profesión lo que se

Y todo lo que hagáis,
hacedlo de corazón...
sabiendo que del Señor
recibiréis la recompensa...
porque a Cristo el Señor
servís.

Colosenses 3:23-24

merece según el Señor, ni siquiera según algunas normas básicas de decencia humana.

Entonces, ¿por qué bromeamos con evadirnos de nuestro trabajo como madre con cosas que nunca haríamos si un jefe terrenal estuviera observando (*especialmente* a la luz de un Padre celestial que sí lo hace)? En parte, por esa "falta de reconocimiento" que mencioné antes. En parte, por la naturaleza interminable de las exigencias del trabajo de madre (no existe eso de "terminar" el día a las cinco). En parte, porque podemos creernos fácilmente la mentira de que ser madre, de todas las profesiones, es la menos legítima. Y, en parte, porque no nos hemos entrenado para elegir las cosas difíciles y para ver el valor de invertir *ahora* para producir frutos a largo plazo en nosotras mismas y en nuestros hijos.

No debemos perder de vista la preciosa oportunidad de impacto eterno que duerme tan dulcemente en la cama de nuestro hijo pequeño (incluso cuando se sale de ella a menudo para venir a hacer pipí en la nuestra).

Ahora he tenido la oportunidad de ser yo quien aconseje a las madres jóvenes desde un panel de oradores, y esto es lo que les digo: Nuestro nivel profesional de excelencia empieza en casa, con las personas que viven bajo nuestro mismo techo. La forma en que damos prioridad a sus necesidades y las actitudes que cultivamos hacia ellos dicen mucho de cómo definimos la excelencia en cualquier ámbito. Nuestros hijos notan cuando nos resentimos con ellos o los tratamos como a segundones. Lejos de sentirse "orgullosos" de nosotras por dedicarnos a profesiones que dominan nuestra atención, nuestros hijos lo entienden como una forma de rechazo y responden de diversas maneras negativas. No podemos ser víctimas de la mentira de que una actitud de apatía o desprecio como madre no se contagiará a todos los demás aspectos de nuestra vida. Y no debemos perder de vista la preciosa oportunidad de impacto eterno que duerme tan dulcemente en la cama de nuestro hijo pequeño (incluso cuando se sale de ella a menudo para venir a hacer pipí en la nuestra).

EL RETO

MADRE MEDIOCRE	MADRE EXCELENTE EN CRISTO
Se burla del trabajo de madre como profesión.	Considera la profesión de ser madre como una vocación sublime y santa.
Presupone que ser madre es esperar que pase el tiempo hasta que pueda hacer algo realmente importante.	Considera que el tiempo que pasa con sus hijos es una inversión para la eternidad.
Subestima el efecto que tiene en sus hijos dar prioridad a la carrera profesional antes que a ellos.	Elige ante todo la excelencia en su trabajo como madre.

PASOS A SEGUIR

- Memoriza y medita en Colosenses 3:23-24: "Y todo lo que hagáis, hacedlo de corazón, como para el Señor y no para los hombres; sabiendo que del Señor recibiréis la recompensa de la herencia, porque a Cristo el Señor servís".
- Haz una lista de cinco cosas que puedes hacer para mejorar en tu profesión de madre, y luego elige una en la cual concentrarte esta semana.
- Pregunta a tus hijos cómo puedes atenderlos mejor (¡prepárate para ser humillada!).

PREGUNTAS PARA LA REFLEXIÓN PERSONAL

¿Considero realmente ser madre como una profesión en la que necesito superarme cada día?

¿Me entusiasma más la idea de que mis hijos "no me molesten" o la perspectiva de criar almas eternas para el reino de Cristo?

¿Creo que, ante todo, se me ha encomendado el privilegio primordial de educar a mis hijos para que amen a Dios?

ORACIÓN

Señor, tú sabes que nos cansamos de nuestra interminable profesión de madres. Ayúdanos a reconocer verdaderamente su valor en una cultura que lo valora poco. Ayúdanos a hacer incluso las cosas más pequeñas "como para ti", sabiendo que así estamos sirviendo a Cristo y a nuestros hijos.

8
MADRES QUE CONFÍAN EN EL SEÑOR

Aprendamos el arte de la autodisciplina

¿Conoces ese versículo de la Biblia que habla de instruir al niño en el camino que debe seguir (Proverbios 22:6)?

¡Qué buen versículo! ¿Verdad?

E incluso lo complementa un sólido principio (¡me encanta este tipo de versículos!): "Y aun cuando fuere viejo no se apartará de él".

Fíjate que no menciona lo que harán nuestros hijos cuando sean jóvenes o de mediana edad. Conozco a demasiadas mamás que creen que esa promesa es instantánea y se decepcionan cuando no ven el fruto de su trabajo de inmediato o en todo tiempo. No obstante, encuentro a incluso más madres que no fueron instruidas en el camino que debían seguir y, en consecuencia, no saben muy bien por dónde empezar con sus propios hijos. Me comentan que el concepto de instruir a los niños parece sólido, pero que su aplicación es un poco endeble.

He aquí algunas de las preguntas que me hacen sobre la instrucción de los hijos:

"¿Qué puedo hacer frente al lloriqueo de los niños? Se ponen tan mal que quiero meterme debajo de las sábanas y esconderme".

"¿Cómo motivo a mi hijo de siete años a ayudarme con un corazón alegre?".

"¿Cómo puedo evitar que mis hijos pequeños se pasen a mi cama? ¡Tengo tanta falta de sueño!".

"¿Cómo puedo estimular a mi hijo de doce años a ser autodidacta y a darse cuenta de cuándo hay que hacer las cosas?".

"¿Cómo consigo que mi hijo de cuatro años haga sus necesidades en el orinal?".

Necesitamos instrucción

En breve quiero dar a conocer las perlas de sabiduría que he aprendido de las Escrituras, de otras mamás y de mis propias experiencias en estas áreas; pero primero quisiera señalar lo siguiente: lo más probable es que si te estás haciendo estas preguntas u otras similares, entonces tal vez necesites instrucción. Y no solo respecto a tus hijos, sino también respecto a ti misma.

Sé que yo la necesitaba cuando era una madre de veinticinco años con un primogénito terco y sensible de dos años, que sentía las cosas profundamente y expresaba esos sentimientos con toda su energía.

Soy la menor de dos hermanos. Mi experiencia con niños pequeños era muy limitada. No sabía cómo enseñar a un bebé a dormir, cómo controlar la rabieta de un niño pequeño ni cómo establecer una buena rutina para ir a la cama. Lo que sí tenía, por la gracia de Dios, era una madre excelente que había sido ejemplo de autocontrol y paciente disciplina desde que era niña. También tengo una predisposición a la tenacidad que, hasta el día de hoy, hace que me resista a rendirme una vez que me he embarcado en una misión difícil. Esa tenacidad me sirvió de mucho cuando decidimos enseñar a nuestro hijo mayor a ir al baño poco después que cumpliera dos años. La primera semana fue de ensueño. Hizo sus necesidades sin inhibiciones y aceptó las golosinas con alegría.

Y después, inexplicablemente, dejó de hacerlo.

Pasó literalmente de hacer sus necesidades sin ninguna inhibición a chillar de terror ante la mención de cualquier cosa relacionada con ir al baño. Y así empezó uno de los años más largos de mi vida. Puede sonar dramático, pero si también has sido madre de un niño con la capacidad de contener sus funciones corporales durante muchos días seguidos, entonces sabes lo agotador y estresante que puede ser convencerlo de que no hay nada que temer.

Fue el mismo año en que me puse a buscar todas las cosas para la construcción de nuestra primera casa. El mismo año en que también estaba amamantando a un bebé que solo tenía dieciocho meses y tres días menos que su hermano mayor, que no quería ir al baño. El mismo año en que mi marido estaba demasiado ocupado martilleando, calafateando y colocando paneles de yeso, además de cumplir con las responsabilidades de su trabajo diario, como para estar cerca. El mismo año que alquilamos el segundo piso de la casa de mis padres después de haber vivido tres años en nuestra primera casa. El mismo año que yo intentaba publicar mi novela. Y el mismo año que vivimos lejos de todos nuestros amigos, aunque tampoco hubiéramos tenido nada de tiempo libre para estar con ellos.

A lo largo de ese año, mi hijo de dos años solo se mostraba alegre y divertido durante uno o dos días a la semana cuando, por fin, conseguía hacer sus necesidades. Y luego, a medida que avanzaba la semana, su personalidad empezaba a tornarse iracunda y terca. No me gustaba. Nada en absoluto. Me destrozaba los nervios y minaba mi confianza como madre, pero también lo entendía. Quiero decir que yo tampoco me siento ni actúo bien cuando mi digestión no está haciendo lo suyo correctamente, y soy una mujer adulta.

Oré (es más, *supliqué*) a Dios que ayudara a mi hijo a entender que no había nada que temer. Investigué frenéticamente acerca de su "enfermedad" y encontré consuelo al descubrir que no era la única madre del mundo que enfrentaba ese problema. Probé varios métodos para ayudarle a superar el pánico. Y me pasé literalmente horas sentada en el piso del cuarto de baño cantando, diciendo tonterías, orando, haciendo maniobras con cochecitos de juguete… *cualquier cosa* para mantener a mi hijo en el orinal distraído lo suficiente para que pudiera "hacer sus necesidades" y volver a ser él mismo durante uno o dos benditos días.

Cuando digo que fue un año duro, es porque tardamos un año entero en superar este obstáculo. Cuando pasaron seis meses, estaba convencida de que aún seguiría sentada en el piso tratando de engatusarlo para que hiciera sus necesidades cuando el niño tuviera ocho años. Gracias a Dios, no fue así. Aproximadamente, una semana después de cumplir tres años, tras un periodo de mejora gradual, de repente decidió que ya no tenía miedo al orinal. Al principio, desconfié. Pensé que seguramente tendría una recaída, pero nunca sucedió, ¡alabado sea Dios!

La disciplina de confiar en Jesús

Afirmar que ese año me enseñó algo sobre la instrucción es quedarme corta. Sin embargo, no se trataba tanto de la instrucción de mi hijo como del mío propio. El Señor me enseñó, a través de episodios de lágrimas y frustración, y a veces de berrinches, que lo primero que tenía que hacer era disciplinarme a confiar en Él.

El Señor me enseñó, a través de episodios de lágrimas y frustración, y a veces de berrinches, que lo primero que tenía que hacer era disciplinarme a confiar en Él.

Al principio, muy poco de lo que hacía ayudaba a mi hijo, al menos no de forma tangible u obvia. Tenía que seguir entregándoselo a Dios cada semana mientras se ponía más rezongón a medida que pasaban los días. Tuve que confiar en que eso también pasaría, que no sería el año que definiría la vida de mi hijo (aunque en cierto modo definiera la mía en aquel momento). Tenía que confiar en que Dios tenía un propósito en ese ritual que parecía no tener sentido y que minaba mi cordura cada semana.

Poco a poco, el Señor hizo crecer mi vida de oración (que incluía referencias casi constantes a sustancias corporales). Aumentó mi paciencia (una vez me pasé setenta minutos acampada en las frías baldosas del baño frente al inodoro). Aumentó mi determinación (sabía que no podía dejarlo pasar; mi *labor* como madre de mi hijo era abogar por él de todas las formas posibles). Y aumentó mi disciplina (la administración del tiempo se convierte en algo muy real cuando tienes que planificar ciertas cosas en función del horario de ir al baño de tu hijo).

Desde luego, este no es el camino más angustioso que he recorrido como madre, pero en su momento, fue una prueba necesaria que me reveló algunas áreas en las que tenía carencias. Porque, verás, tengo una predisposición natural hacia la instrucción de los niños. Se debe a esa tenacidad que mencioné y al hecho de que mi propia madre me diera un buen ejemplo. Y soy bastante buena para la constancia en general. No me importa ser repetitiva o hacer lo mismo hasta la saciedad. Soy tenaz. Diría que es tanto un don como una maldición.

Yo había enseñado a mis dos hijos pequeños desde edades tempranas a irse a la cama a dormir. Éramos buenos con los horarios de la siesta. Comían lo que les dábamos de comer. Me las arreglaba bien para salir a tiempo, incluso con dos niños y toda su parafernalia a cuestas. En toda esa relativa eficiencia, era fácil confiar en mi propia fortaleza y no en la del Señor. Era tentador suponer que mi tendencia a la instrucción sería suficiente para superar la mayoría de las situaciones como madre, aunque nunca me hubiera enfrentado a ellas antes. Fue una inyección de confianza ver que mis hijos se adaptaban bastante bien a mis "métodos".

Él cuida de las aves

Hasta que uno de ellos no lo hizo, por supuesto. Aquel año de purgatorio en el orinal me humilló de una forma muy necesaria; pero también reforzó positivamente ciertos hábitos de repetición y perseverancia que me han servido durante los últimos doce años. Y, a fin de cuentas, me enseñó flexibilidad. (No *creerías* lo relajada que soy hoy día para enseñar a mis hijos a ir al baño; mis hijos mayores me han suplicado literalmente que les dejara enseñar a uno o dos hermanos a ir al baño porque ya estaban listos, y yo me seguía demorando).

Sobre todo, me enseñó acerca de la bondad de Dios y su cuidado por las preocupaciones que parecen insignificantes (así como las monumentales) a las que nos enfrentamos cada día. Si crees que no se preocupa por el hábito de tu hija de chuparse el dedo, piénsalo otra vez. Si estoy convencida de que me ha abandonado en mi empeño por enseñar a leer a mi hijo, estoy equivocada. Si alguna vez empezamos a dudar de su cuidado de cada detalle, debemos volver a disciplinar nuestra mente a recordar esta verdad: "¿No se venden dos pajarillos por un cuarto? Con todo, ni uno de ellos cae a tierra sin vuestro Padre. Pues aun vuestros cabellos están todos contados. Así que, no temáis; más valéis vosotros que muchos pajarillos" (Mateo 10:29-31).

Sin embargo, eso no es todo, queridas, dulces y cansadas hermanas que son madres. Una vez que hayamos disciplinado nuestros corazones espirituales a ver su bondad soberana, incluso en los hechos más cotidianos de nuestras vidas, debemos disciplinar nuestras mentes espirituales —equiparlas con la verdad— para seguir adelante en los zarzales más espinosos de nuestra labor de madres.

Y esa verdad es que nuestros hijos no seguirán el camino estrecho cuando sean mayores, a menos que los instruyamos en el camino que deben seguir. O si permanecen en ese camino por la gracia de Dios y a pesar de nosotras, no será por nuestro propio mérito.

Si no elegimos primero la disciplina para nosotras mismas, no podemos esperar inculcar ese rasgo de carácter en personitas cuyo control de los impulsos es irregular en el mejor de los casos, y cuyas emociones penden del hilo de una siesta perdida.

Si no elegimos primero la disciplina para nosotras mismas, no podemos esperar inculcar ese rasgo de carácter en personitas cuyo control de los impulsos es irregular en el mejor de los casos, y cuyas emociones penden del hilo de una siesta perdida. Debemos disciplinarnos a recordar que somos *nosotras,* y no ellos, las que debemos ser los termostatos emocionales de nuestro hogar. Y si alguna vez esperamos mantener ese termostato estable —con las dificultades del embarazo y las hormonas posparto, el insomnio y las travesuras tiránicas de los niños de tres años, demasiadas cosas que hacer y demasiado poco tiempo para hacerlas—, debemos empapar nuestra determinación con la Palabra de Dios.

Una madre que no lee la Biblia con regularidad es como un barco al que le han arrancado el timón de la popa. Si no nos disciplinamos a dirigir continuamente la nave de nuestra vida hacia

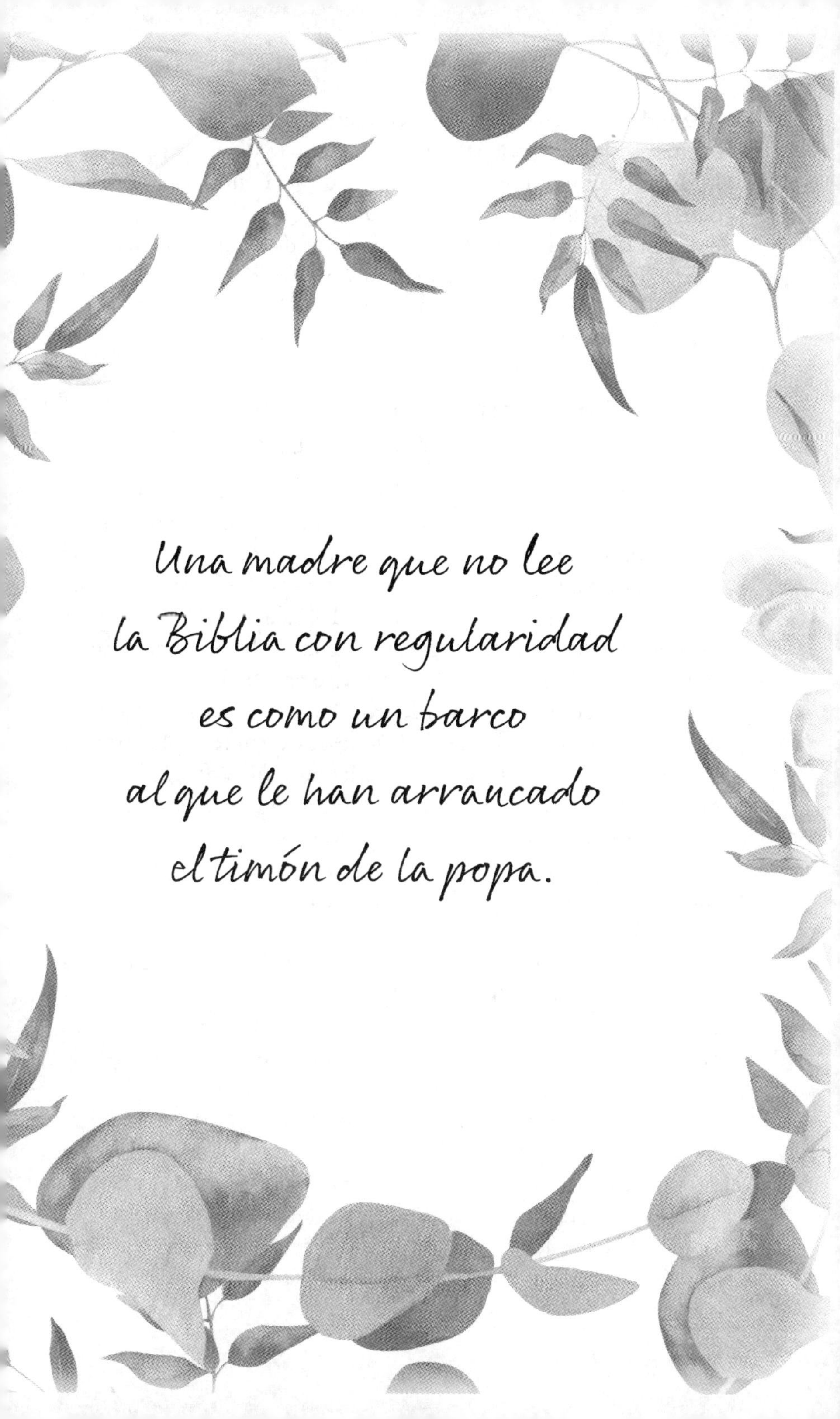

Una madre que no lee
la Biblia con regularidad
es como un barco
al que le han arrancado
el timón de la popa.

las Escrituras, iremos a la deriva en remolinos de confusión o nos dejaremos atrapar por la corriente de las tendencias culturales. Lo que la Biblia muestra claramente se verá enturbiado por un deseo de aflojar o una solución rápida.

Ahora, espera, Abbie. ¿No acabas de decir que tenemos demasiadas cosas que hacer y demasiado poco tiempo para hacerlas? ¿Cómo voy a añadir una hora de estudio bíblico a mi día sin volverme loca?

"Conducirá con cuidado a las que todavía están criando"

En primer lugar, nadie ha hablado de una hora. Creo que automáticamente pensamos en eso como una especie de norma de oro de la santidad, pero en ninguna parte de las Escrituras se ordena una cantidad específica de tiempo de lectura y meditación bíblica para comenzar el día. La Palabra está lejos de ser normativa o prescriptiva sobre este tema. De hecho, Isaías 40:11 (RVA-2015) señala: "Como un pastor, apacentará su rebaño; con su brazo lo reunirá. A los corderitos llevará en su seno, y conducirá con cuidado a las que todavía están criando". Me encanta esta imagen de nuestro Padre celestial que cuida de nuestros bebés con tanta ternura, pero la última frase me impresiona.

"Conducirá *con cuidado* a las que todavía *están criando*".

Espera. ¿"Las que todavía están criando"? Esa soy *yo*. ¿Está tratando de decir que el Señor me *entiende*? ¿Que se preocupa por mi agobio?

Sí (hemos visto que Él cuida de las aves). No solo eso, sino que no nos deja vagar por los páramos como ovejas torpes. Ni nos arrastra con bruscos e impacientes tirones del cabestro. Al contrario, nos *conduce* con cuidado. Por eso te animo a que le pidas al Señor que te guíe en tu estudio de la Biblia.

Para mí, ha llegado a significar levantarme temprano las mañanas que no tengo una clase de gimnasia temprano y seguir un programa de lectura de la Biblia en un año y un diario personal, además de la lectura de la Biblia en familia dirigida por mi esposo el resto de los días. Para ti, puede ser totalmente diferente. Podrían ser diez minutos. Podrían ser treinta. Puede que haya

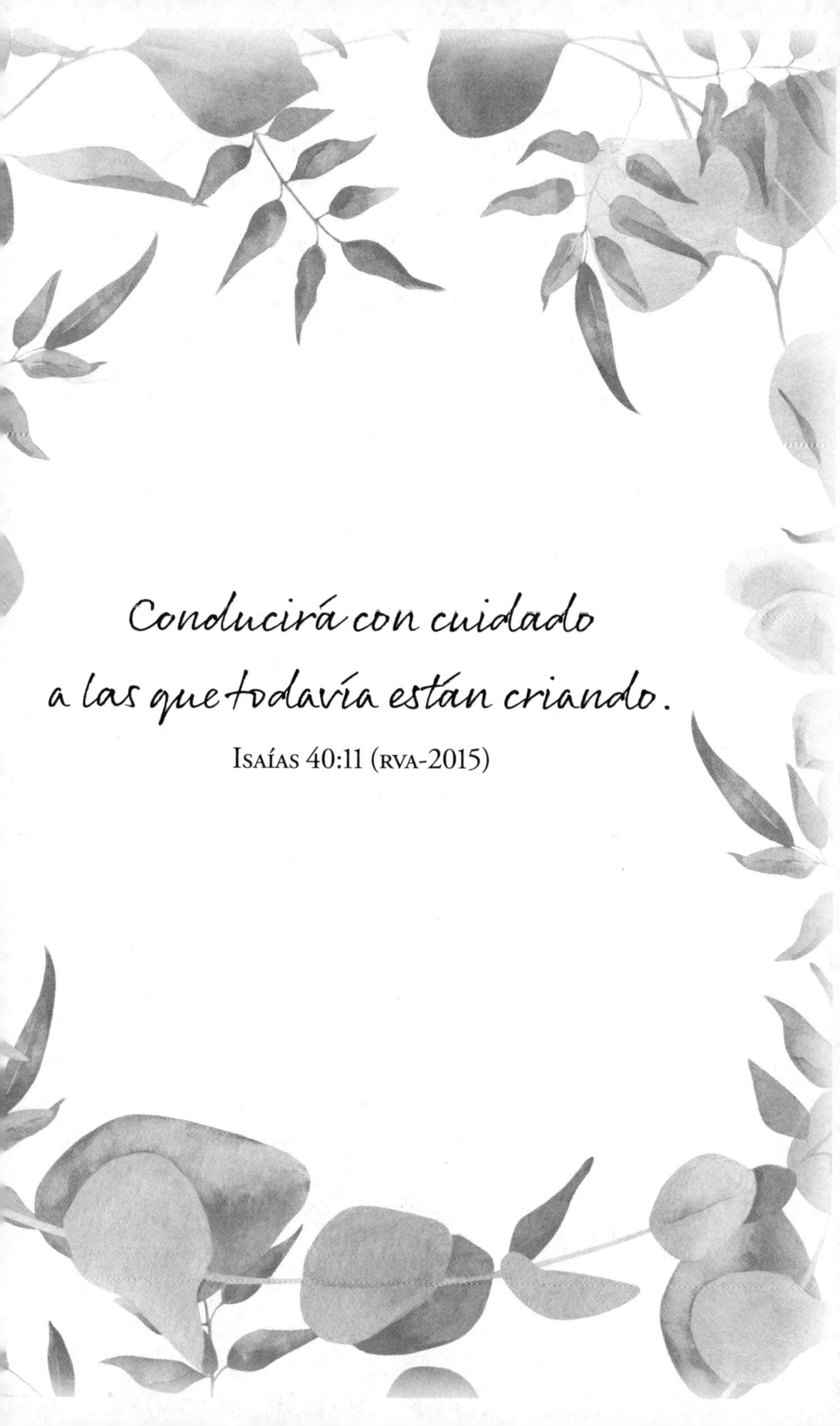

Conducirá con cuidado
a las que todavía están criando.

Isaías 40:11 (rva-2015)

velas, música suave y bolígrafos de colores. O puede que haya café frío, un niño inquieto y mal aliento matutino. Lo importante es comprometerse con el Señor y luego seguir su guía en la disciplina de priorizar su Palabra.

Este énfasis bíblico es fundamental para saber cómo instruir a nuestros hijos, pero también es una metodología para desarrollar una constancia significativa —pero, no legalismo— en nosotras mismas. Es el cimiento y, sin este, todos los demás esfuerzos serán débiles o se quedarán cortos. Es también el hábito más importante que podemos ejemplificar para nuestros hijos. Honrar y valorar la Palabra de Dios no es algo natural para la mayoría, incluso para mí; pero una vez que "[gustamos y vemos] que es bueno Jehová" (Salmos 34:8), nuestro apetito por Él no hace sino aumentar, y la disciplina se transforma en deseo de su presencia. Nuestros hijos lo notan y se sienten atraídos a ello.

Una autoevaluación bíblica

No sé tú, pero yo soy partidaria de la disciplina que se produce como el resultado natural de algo que ya estoy haciendo (porque también tiene que haber mucha instrucción directa e intencional).

Tengo varias ideas sobre "cómo conseguir que un niño de dos años haga tal o cual cosa" desde una perspectiva práctica, pero en definitiva las primeras preguntas que quiero hacer a cualquier madre que se me acerque con una consulta de este tipo son las siguientes:

1. ¿Amas y das prioridad a la Palabra de Dios en tu hogar?
2. ¿Confías en el Señor para obtener sabiduría y dirección?
3. ¿Estás dispuesta a ser constante y tenaz en la búsqueda de su bondad para ti y tus hijos?
4. ¿Te has disciplinado en "amar lo que se debe hacer", como suele decir la sabia madre de seis hijos Ruth Chou Simons?

Si la respuesta a alguna de estas preguntas es un "no" rotundo, no eres la única. Instruir a los hijos es difícil. La autodisciplina puede ser aún más difícil, especialmente en una cultura que nos empuja a diario hacia un evangelio de gracia barata y promueve amarme a mí misma "tal como soy" (y tampoco en el sentido del conocido himno evangélico). La autodisciplina requiere un deseo de "hacer mejor las cosas" como para el Señor y ver un cambio genuino y conmovedor. La autodisciplina requiere una autorreflexión sincera. Y la autodisciplina requiere la presencia del Espíritu Santo en nuestra vida y una sensibilidad a su guía. Es mucho trabajo, pero vale la pena el esfuerzo. Un esfuerzo que da mucho fruto en la vida de nuestros hijos y en nuestra propia vida (por no hablar de la vida de nuestros maridos, amigas, compañeros de trabajo y familiares). Un esfuerzo que resiste la prueba del tiempo y lega sus beneficios a muchas generaciones venideras.

Puede que haya tardado un año en enseñar a mi hijo mayor a ir al baño, pero tengo la sensación de que tardaré toda una vida en disciplinar mi corazón a amar a Jesús más que a cualquier otra cosa. Alabado sea Dios porque es un proceso diario que podemos aceptar con su fuerza y para su gloria.

EL RETO

MADRE MEDIOCRE	MADRE EXCELENTE EN CRISTO
Piensa que la "disciplina" debería reservarse para los atletas olímpicos.	Reconoce la disciplina como parte esencial de la vida cristiana.
Le molesta la autodisciplina.	Busca el fruto del Espíritu (incluido el dominio propio).
Evita la responsabilidad.	Acepta el hecho de que la responsabilidad recae (y empieza) en las madres.

PASOS A SEGUIR

- Memoriza y medita en 2 Timoteo 3:16: "Toda la Escritura es inspirada por Dios, y útil para enseñar, para redargüir, para corregir, para instruir en justicia".
- Identifica tres áreas en las que te falta disciplina; elige una para concentrarte en ella esta semana.
- Haz un plan para incorporar a tu rutina la lectura regular de las Escrituras (me encanta *La Biblia en un año*) y la memorización.

PREGUNTAS PARA LA REFLEXIÓN PERSONAL

¿Cómo puedo ser más constante para hacer las "cosas necesarias" que me acercan a Dios y ayudan a que mi hogar funcione mejor?

¿Soy disciplinada en algunas áreas, pero me falta determinación cuando se trata de estudiar la Palabra de Dios? ¿Por qué?

Si me siento agobiada, ¿en qué medida es el resultado de mi propia falta de autodisciplina?

ORACIÓN

Señor, nos diste el ejemplo perfecto de disciplina en Jesús, que fue "obediente hasta la muerte, y muerte de cruz" (Filipenses 2:8). Que podamos imitar su ejemplo, con la certeza de que cualquier incomodidad que experimentemos en el proceso de autodisciplina, al final producirá un gran fruto.

9

EL RETO DE LA AMABILIDAD

Esperanza práctica para las madres enojadas

Tres semanas antes de dar a luz a mis gemelos idénticos, Titus y Tobias, nuestra perrita, Ruby, dio a luz a seis adorables cachorros. Durante mis últimas y difíciles semanas de embarazo, la vi pasar por sus primeras y difíciles semanas como madre. Y vi algunos paralelismos cómicos con muchas de mis propias experiencias (observarla amamantar a varios cachorros a la vez me hizo recordar la alimentación en tándem de Evy y Nola).

Sin embargo, nunca me sentí tan unida a Ruby como la noche en que desapareció. Sus cachorros apenas tenían cuatro semanas y seguían alimentándose de ella; pero una noche, después de celebrar mi cumpleaños con mi familia en casa, Ruby no estaba por ninguna parte. Era una mamá tan buena, que nos costó creer que hubiera abandonado a sus cachorros, lo que inmediatamente nos hizo preguntarnos qué desgracia del destino habría venido sobre ella.

Los niños recordaban haberla oído aullar cerca del linde del bosque, y mi mente iba de una imagen a otra de la última y valiente lucha de Ruby contra un coyote o un mapache rabioso. Revisamos todos los armarios y el garaje. Recorrimos nuestra propiedad con linternas. Fuimos en nuestra camioneta a recorrer las oscuras carreteras. Ruby no estaba por ningún lado.

Me sentía mal y rogué a Dios que me la devolviera. No me gustan mucho los perros, pero adoro a nuestra Ruby. No solo eso, sino que sus cachorritos necesitaban a su mamá. Intenté imaginarme alimentando cachorros con cuentagotas además de amamantar a gemelos recién nacidos, y se me hizo un nudo en el estómago ante esa perspectiva.

Entonces, justo cuando mi esperanza empezaba a desvanecerse, recibí un mensaje de mi madre: "Ruby está con nosotros. Por lo visto, se subió a la parte trasera con las sobras de la comida de tu cumpleaños y tu padre no se dio cuenta cuando cerró el maletero. Se pasó todo el trayecto hasta nuestra casa comiendo".

Recapitulemos, Ruby no había perdido ninguna pelea contra un gato montés. Se había tomado unas pequeñas vacaciones de mamá en la parte trasera del Honda Civic de mis padres, acurrucada tranquilamente en la oscuridad mientras se atiborraba de comida.

¿Cuántas madres lactantes posparto pueden sentirse identificadas? Esa perra no se había perdido. *Estaba de mal humor a causa del hambre.*

Las hormonas son reales, pero no dicen la verdad

Recuerdo que, después de tener a nuestro octavo hijo, me sentía desesperada por esconderme en una habitación oscura y tranquila a comer como un escape emocional. Mis hormonas estaban fuera de control y tenía muy mal genio.

No diría que la paciencia es mi punto fuerte por naturaleza, pero es algo que el Señor ha tenido la bondad de desarrollar en mí a lo largo de mi carrera como madre. Así que, para cuando tuve a Shiloh, muchos de los caprichos y fastidios que me habrían molestado de verdad en el pasado eran meros episodios de frustración o incluso de diversión. O al menos lo habían sido con el tercer e incluso con el sexto hijo, pero no después del octavo.

Si algo tienen las hormonas es que se ofenden con facilidad.

Había sufrido una depresión posparto moderada tras el nacimiento de Evy y Nola, pero esto era diferente. Cada uno de mis sentidos se agudizó de la manera más desagradable, y mi "termómetro de ofensas" había llegado a lo más alto. Si algo tienen las hormonas es que se ofenden con facilidad. Y con razón. Porque está claro que tu hijo de siete años se relame los labios a propósito mientras mastica, y el pequeño se hizo pipí encima porque quiere que se rompa el último hilo de tu cordura.

Algunos días, me levantaba enojada y me iba a la cama enojada. Entre una cosa y otra, le daba demasiada rienda suelta a mi yo gruñón. Me encantaría decir que mis hijos no se daban cuenta, pero la verdad es que el mayor había llegado a la edad de darse cuenta de todo (y a menudo lo exageraba, con lo cual éramos dos).

Sé que hay muchas mamás leyendo esto ahora mismo que pueden sentirse identificadas, y otras que están deseando enviarme un correo electrónico para recomendarme que me haga un chequeo de la tiroides o que busque ciertos suplementos. Y las entiendo. Al mirar atrás, estoy segura de que había cosas prácticas que debería haber hecho, pero estaba demasiado inmersa en el modo de supervivencia como para hacer investigaciones sobre aceites esenciales o cambios de dieta adecuados. Al igual que con Ruby, el "mal humor a causa del hambre" era algo muy real para mí. Me dedicaba a la escolarización en casa, me tomaba las cosas con calma (porque no siempre era una gruñona) hasta que mi nivel de azúcar en sangre bajaba y de repente sentía como si un enjambre de abejas se hubiera instalado en mi cabeza. Con mi cerebro que me zumbaba y mi estómago que gruñía, no había suficientes órganos compensatorios en funcionamiento para dar sentido al álgebra, y me irritaba no solo con la "y = mx + b", sino también con el niño que me había sometido a tal ecuación en medio de una crisis de hambre. Había veces en que Shaun entraba en la habitación, me echaba un vistazo e iba a la despensa por una barrita de cereal para mí.

Digo esto para reconocer que había algunos aspectos fisiológicos y psicológicos muy reales en mi lucha; pero, independientemente de las explicaciones legítimas que pudiera ofrecer, esta era la realidad: a veces, no era muy agradable. Yo lo sabía. Mi marido lo sabía. Y mis hijos lo sabían.

Y había que hacer algo al respecto.

Algo tenía que cambiar

Todo llegó a un punto crítico unos dos meses después del parto, cuando bajé las escaleras y descubrí la misma escena que antes de acostarme a dormir la siesta del domingo. No limpiamos mucho los domingos, pero en ese momento éramos anfitriones de un pequeño grupo de la iglesia y siempre había cosas que limpiar antes que llegaran las "visitas". Yo tenía mi lista y los niños tenían la suya; pero, por desgracia, no habían hecho un buen trabajo a la hora de cumplir con sus tareas.

Tomé de manera personal su negligencia, que es algo que desde entonces he reconocido como un síntoma de desequilibrio hormonal.

Tomé de manera personal su negligencia, que es algo que desde entonces he reconocido como un síntoma de desequilibrio hormonal. Mis emociones me decían que mis hijos no me respetaban ni me amaban, que habían dejado ese juguete en el suelo a propósito, aunque mi experimentado cerebro de madre me aseguraba que no, que los niños son capaces de pasar por delante de un desorden sin siquiera darse cuenta y que a menudo hacen lo mínimo si no estás cerca para ayudarles a ser diligentes.

Me parecía que no podía conciliar las dos narrativas contradictorias. Así que los regañé. No grité ni despotriqué (de acuerdo, un poco despotriqué), pero los reprendí. No fue mi mejor momento como madre.

Y, todo el tiempo, sentía que la pequeña e insistente voz del Espíritu Santo me susurraba: "No tiene por qué ser así".

Dentro de diez años, ¿habrá valido la pena cualquier alivio temporal del estrés que obtengas al hacer un escándalo por algo que ahora te parece un gran problema, teniendo en cuenta el efecto duradero de tus duras palabras en tus hijos?

Esa misma tarde, después que nuestro pequeño grupo se fue de casa, Shaun se sentó conmigo y me dijo con calma que, aunque entendía mi frustración, no podía dejar que me consumiera. Me habló suavemente, pero sus palabras resonaron en mi alma como el tintineo de una campana al despertar. Después pasé un rato orando y reflexionando, y este fue el pensamiento que se aclaró, brillante y nítido, en mi mente y en mi corazón: Dentro de diez años, ¿habrá valido la pena *cualquier* alivio temporal del estrés que obtengas al hacer un escándalo por algo que *ahora* te parece un gran problema, teniendo en cuenta el efecto duradero de tus duras palabras en tus hijos?

Sabía la respuesta: mil veces no.

Las hormonas no excusan el pecado

Pensé en cómo quería que me recordaran mis hijos: cariñosa, paciente, ecuánime, divertida, ingeniosa, siempre dispuesta a ayudar. Sabía que había actuado de esa manera muchas veces a lo largo de los años, y confiaba en que dos meses de lucha no definirían los recuerdos que mis hijos tenían de mí. Sin embargo, sinceramente, como madre cristiana no podía seguir ignorando la convicción de que, con hormonas o sin ellas, mis reacciones eran pecaminosas.

Sinceramente, como madre cristiana no podía seguir ignorando la convicción de que, con hormonas o sin ellas, mis reacciones eran pecaminosas.

Este reconocimiento no es popular en el ámbito de las madres seculares. Y entiendo por qué. Nos remuerde la conciencia. Y requiere acción. La cultura de las madres mediocres se deleita en revolcarse en el fango de lo difícil que es nuestra labor y en celebrar nuestras fallas como prueba de que todas somos humanas y "estamos juntas en esto". Recuerdo la respuesta de una madre a un *post* que escribí sobre el hecho de que ser madre no me había disminuido: "Bien por ti —me dijo—, pero algunas de nosotras estamos aquí luchando para que se sepa que ser madre nos ha arruinado por completo y que no estamos bien. Estamos trabajando muy duro para que se oigan nuestras voces y se legitimen nuestros sentimientos".

Por mucho que crea que ser madre realmente nos arruina a todas de una forma u otra, sé que, desde una perspectiva bíblica, "hacer correr la voz" para que todas nos deleitemos en revolcarnos en la miseria de ser madres no es la respuesta. Reconocer lo difícil de nuestra labor es importante, pero no podemos quedarnos allí. Centrarnos en la lucha solo nos conduce a la amargura y a sentirnos engañadas. "Yo no esperaba esto. Las tarjetas *Hallmark* me mintieron con sus imágenes hechas con Photoshop de madres felices con el cabello sedoso y niños limpios y prolijos".

Estoy de acuerdo. Esa no es la imagen de una madre en la realidad, pero tampoco lo es decir: "*Ya que* me siento engañada, tengo derecho a vivir en mi decepción el resto de la eternidad".

No es justo para nuestros hijos. No es justo para nuestros maridos. No es justo para nosotras mismas. Y es una afrenta a la libertad para la que Cristo nos ha hecho libres (Gálatas 5:1). Porque el cristianismo es radical en la actitud de "no estar bien". En lugar de animarnos a buscar consuelo en otras mamás que están igualmente "arruinadas", Jesús nos invita: "Venid a mí todos los que estáis trabajados y cargados, y yo os haré descansar" (Mateo 11:28).

Estoy tentada a lanzar un fuerte suspiro de alivio ante esas palabras, pero luego leo la segunda parte: "Llevad mi yugo sobre vosotros, y aprended de mí, que soy manso y humilde de corazón; y hallaréis descanso para vuestras almas; porque mi yugo es fácil, y ligera mi carga" (Mateo 11:29-30). Las palabras "yugo" y "carga" no suenan nada tranquilizadoras, pero esa es la hermosa paradoja de seguir a Cristo. Al llevar su manto de humildad y mansedumbre, renunciamos al derecho de aferrarnos a nuestro agobio y al deseo de que otras madres apoyen nuestra lucha. Y una vez que renunciamos a sentirnos con derechos y fijamos nuestros ojos en Jesús, descubrimos que su carga es, verdaderamente, ligera y liberadora.

A rendir cuentas de nuestros actos

Por supuesto que la práctica piadosa de rendir cuentas de nuestros actos se parece muy poco a embarcarnos en un ciclo de quejas y conmiseraciones. Y me di cuenta de que quería crear una comunidad

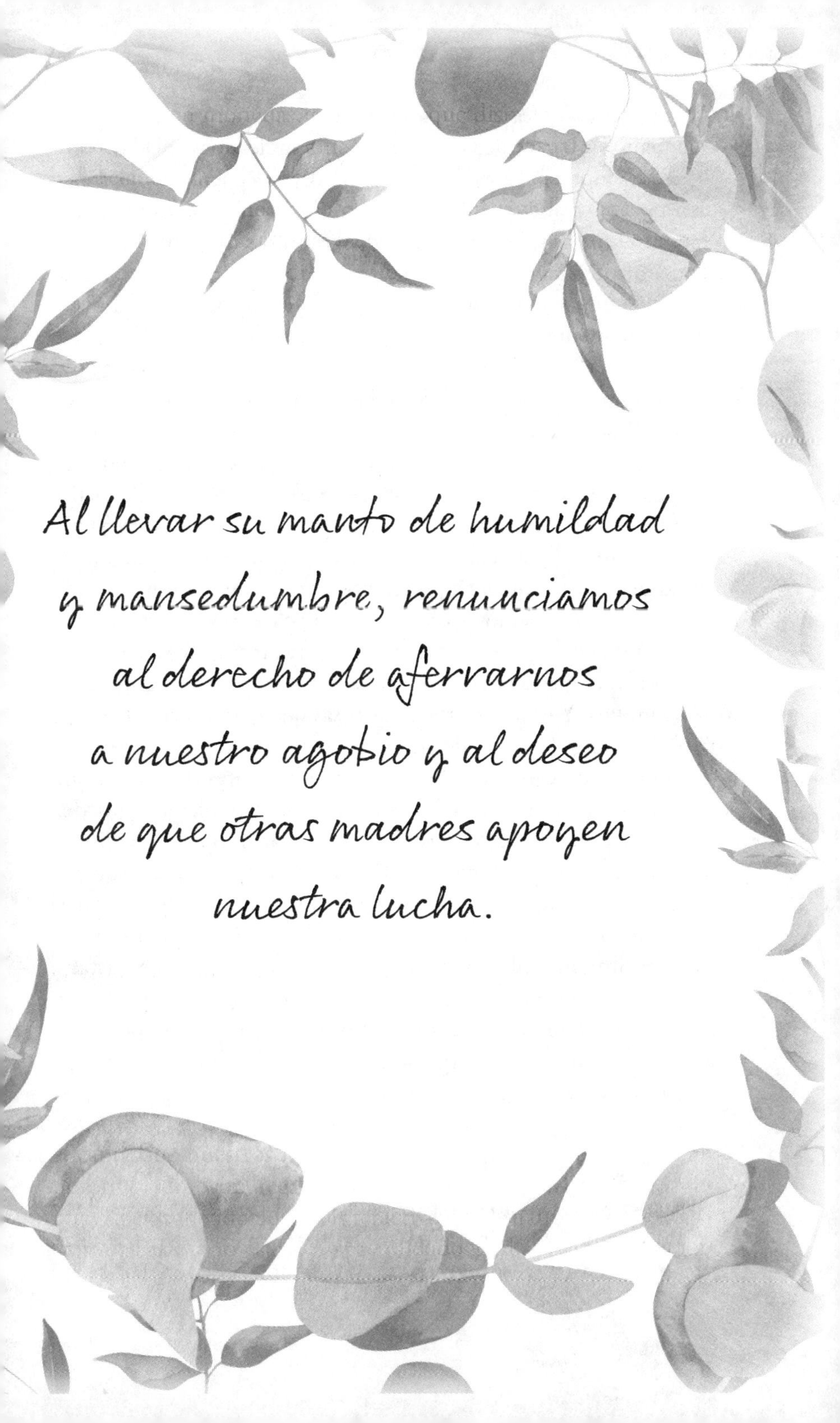

*Al llevar su manto de humildad
y mansedumbre, renunciamos
al derecho de aferrarnos
a nuestro agobio y al deseo
de que otras madres apoyen
nuestra lucha.*

de mujeres con ideas afines, que pudieran animarse y alentarse mutuamente en la búsqueda de aplacar nuestras lenguas afiladas.

Y así empecé "el reto de la amabilidad", una cuenta de Instagram centrada en usar solo palabras cordiales y en un tono calmado durante treinta días. No podíamos quejarnos de nadie ni con nadie. Podíamos reconocer nuestras luchas, pero solo con el objetivo de orar y rendir cuentas las unas a las otras. Miles de mujeres se unieron inmediatamente, y mi sospecha de que no podía estar sola luchando con mis erráticas hormonas posparto se confirmó cuando cada una de las mujeres reconocía su deseo de hablar a su familia con amabilidad y buen ánimo, un deseo que a menudo entraba en conflicto con los gritos y regaños que dominaban la atmósfera de sus hogares.

Es muy fácil convencernos de que nuestras luchas actuales deben definir también nuestras circunstancias futuras. Nos despertamos con la misma frustración durante una semana o dos meses o incluso un año, y empieza a parecernos nuestra "nueva normalidad", cuando siempre hemos sabido que "si Dios es por nosotros" (y lo está), entonces "¿quién contra nosotros?" (Romanos 8:31). Además, "mayor es el que está en [nosotras], que el que está en el mundo" (1 Juan 4:4). Y otra vez, "todas las cosas que pertenecen a la vida y a la piedad nos han sido dadas por su divino poder" (2 Pedro 1:3).

Ya creía en cada uno de estos versículos antes de tener a Shiloh, pero es alarmante lo rápido que las convicciones pueden quedar sepultadas bajo los sentimientos, razón por la cual nunca lanzaré una campaña para legitimar mis sentimientos. Son demasiado volubles, demasiado propensos a subir y bajar con el oleaje de mis circunstancias. Pero ¿un movimiento para someter mis sentimientos al señorío de Jesucristo? *Eso* sí que me gusta.

Así que, después de mi conversación con Shaun y posteriormente con el Señor, reuní a mis hijos y les pedí perdón por comportarme como una amargada. Y me embarqué en treinta días de nada más que palabras cordiales.

Desintoxicación de la ira

Esperaría que cada una de ustedes me señalara con el dedo y me gritara "¡Mentirosa!" si yo afirmara que el reto fue fácil. Santiago 3:8 (NVI) señala: "nadie puede domar la lengua. Es un mal irrefrenable, lleno de veneno mortal". ¡Huy! Suena desesperanzador, ¿verdad? No obstante, fíjate que dice que *nadie* puede domar la lengua. Sin embargo, en Mateo 19:26, Jesús dijo: "Para los hombres esto es imposible; mas para Dios todo es posible". (No está hablando específicamente de refrenar nuestra lengua, pero el principio sigue siendo válido).

Descubrí la profundidad de esa verdad en las palabras de Jesús al levantarme cada día y someter mis palabras y mi actitud a Dios. También hablé de lo que Él me estaba enseñando con las otras mujeres que participaban del reto, y aprendí de ellas también. En tres días, gran parte de la angustia que había estado plagando mis pensamientos comenzó a desaparecer. Los sentimientos de nerviosismo y ansiedad, y la ira que me ponía los pelos de punta también empezaron a menguar. Cuanto más descargaba mis sentimientos en el Señor y no en mi familia, menos importantes me parecían o menos los *sentía*, por así decirlo.

Empecé a reconocerme de nuevo, no porque "yo misma" hubiera hecho antes un buen trabajo en hablar con amabilidad, sino porque mis anteriores inclinaciones impías se habían intensificado tanto durante los meses anteriores, que parecía como si una persona diferente (un monstruo de la ira) se hubiera instalado en mi cerebro y en mi cuerpo.

La primera semana fue casi como una desintoxicación de algo adictivo, como las veces que he ayunado de azúcar. Mi nivel de azúcar en sangre caía en picada cuando entraba por la puerta a última hora de la tarde, con los brazos cargados de comestibles, rodeada de niños hambrientos que querían saber qué había para cenar (y se turnaban para hacer la temida pregunta uno tras otro, y después volvían a decir: "Me olvidé. ¿Qué hay para cenar?", solo para que fuera más divertido). Mi pulso empezaba a latir al ritmo de mi dolorida cabeza y se me escapaba de mis labios un: "Por el amor de Dios, ¿podrían callarse?".

Sinceramente, no creo que nadie, ni siquiera Dios, me hubiera culpado, pero había prometido hablar con amabilidad durante treinta días, y pronunciar el nombre de Dios en vano no cumplía con los requisitos. A veces, lo mejor que podía hacer era empezar con un fuerte *"¡Hijos!"* y luego bajar el tono de voz y decir: "A mamá le duele la cabeza y tiene que empezar a preparar la

Panal de miel
son los dichos suaves.

Proverbios 16:24

cena. Por favor, silencio". Otras veces no decía nada, solo dejaba los comestibles y me dirigía al porche para respirar. Cuando todo lo demás fallaba, me mordía *literalmente* la lengua.

Fue un proceso, pero minuto a minuto, hora a hora, día a día, el Señor hizo crecer mi determinación y renovó mi mente, y con ello mi manera de hablar. Y aprendí algo: aunque mis hormonas eran muy reales, y sería fácil suponer que nada de lo que estaba practicando *debería* haber tenido efecto alguno en la química de mi cuerpo, a medida que avanzaba el mes, iba experimentando pensamientos más claros, menos episodios de "abejas en el cerebro" y menos "ira y hambre".

¿Podría ser que utilizar la excusa de mis hormonas erráticas para dar rienda suelta a mi impaciencia hubiera empeorado mis síntomas? Proverbios 16:24 dice: "Panal de miel son los dichos suaves; suavidad al alma y medicina para los huesos". Es lógico, entonces, que las palabras poco amables puedan producir un efecto adverso en nuestro bienestar. Expresar mis frustraciones había permitido que mis hormonas hicieran estragos sin control en mi organismo, pero cuando me prohibí ciertas palabras y ciertos tonos, empecé a reentrenar las vías neuronales de mi cerebro hacia la gratitud y la positividad, un proceso que las Escrituras denominan "la renovación de [la] mente" (Romanos 12:2, NVI) y que la ciencia secular apoya cada vez más. Me parece fascinante cómo el Señor nos ha creado como seres holísticos. Lo físico afecta a lo emocional, que puede reforzar o causar estragos en lo espiritual.

Un plan de acción para la amabilidad

Salí del primer reto de la amabilidad como una mujer nueva. No soy propensa a las emociones desenfrenadas, y desde hace tiempo me he propuesto hablar a todo el mundo con cortesía, como al Señor. Sin embargo, nunca me había centrado específicamente en la amabilidad. Y una vez que lo hice, me di cuenta de que había un área que necesitaba más ayuda de la que había estado dispuesta a reconocer antes, especialmente a la luz de lo mucho que la Biblia habla sobre el tema.

Colosenses 3:12 (NVI) señala: "Por lo tanto, como pueblo escogido de Dios, santo y amado, revístanse de afecto entrañable y de bondad, humildad, amabilidad y paciencia".

Efesios 4:2 (NVI) nos amonesta a soportarnos "siempre humildes y amables, pacientes, tolerantes unos con otros en amor".

Y, por supuesto, el famoso "fruto del Espíritu" de Gálatas 5:22-23 (NVI) incluye amabilidad, amor, alegría, paz, dominio propio y otros atributos estelares.

Cuanto más memorizaba versículos sobre la amabilidad, más leía sobre ella y más me concentraba en hablar con amabilidad, más me mostraba el Señor lo importante que es este concepto para las madres. Y se convirtió en un hábito.

He presentado el reto en varias ocasiones desde la primera vez, y el Señor ha sido fiel en revelarme algo nuevo cada una de las veces. Sin embargo, los "pasos para el éxito" que me han ayudado más a mí (y a otras mujeres que han comentado sus experiencias) son los siguientes.

1. Reconocer el problema sin poner excusas. Sé que esto suena como el comienzo de una reunión de Alcohólicos Anónimos, pero, como mencioné antes, la negatividad tiene una cualidad adictiva, y hasta que no la llamemos por lo que es sin tratar de hacerla pasar por algo más agradable, no podemos comenzar el proceso de reclamar la libertad de nuestra esclavitud a ella.

2. Arrepentirse de la falta de amabilidad y rechazar esa falta por completo. He oído que algunas personas que, por lo general, tienen un lenguaje limpio se dan permiso para decir las palabrotas que quieran los sábados, una especie de "día permitido". No solo dudo de la lógica bíblica que hay detrás de tal práctica, ya que las Escrituras nos exhortan a no permitir que "ninguna palabra corrompida salga de [nuestra] boca" (Efesios 4:29), sino que también sé por experiencia propia, que este concepto fracasaría rotundamente en el aspecto de hablar con amabilidad. Solo pude mejorar en este aspecto al aferrarme constante y tenazmente, por la gracia de Dios, a mi resolución de usar exclusivamente palabras suaves. Solo la resolución de abandonar por completo las quejas y las críticas produjo un cambio real. (Observa que no dije "perfección").

3. Comentarle a alguien tu objetivo. Obviamente, esta vez me pasé un poco, ya que invité a todas mis amigas en línea a participar, pero aún más impactante (y aterradora) fue la decisión de contarles a mis hijos lo que estaba haciendo. Si alguna vez te ha echado la bronca un niño de seis años que se opone a que sigas con la agenda *exacta* de mandados a realizar que comentaste casualmente en el auto esa mañana, sabrás que, a pesar de su total incapacidad para llevar el registro de sus propios actos, los niños pequeños son tenaces compañeros de responsabilidad para las cosas que les importan. Después de comentarles a mis hijos acerca del reto de la amabilidad, los invité a unirse a mí, ¡y lo hicieron! Recompensábamos las palabras respetuosas o amables con monedas de nuestro sistema de recompensas (hablaremos de ello más adelante) y les quitábamos monedas por las palabras groseras o duras, un hábito que se ha mantenido hasta hoy.

4. Memorizar las Escrituras. Durante el reto de la amabilidad, los niños y yo memorizamos todo el capítulo 4 de Efesios, que contiene varios buenos recordatorios sobre cómo tratar a los demás y fue una excelente fuente de estímulo para todos nosotros a medida que avanzaba el mes.

5. Orar. Esto puede parecer un cliché, pero es absolutamente clave, en especial cuando tenemos tendencia a tratar de usar nuestras propias fuerzas para superar cualquier barrera que encontremos. El reto de la amabilidad me ayudó a dominar lo que yo llamo "oraciones como una bala" ("Jesús, ayúdame a hablar suavemente", "Señor, dame calma", "Padre, muéstrame cómo ser amable"), que me permitían hacer una pausa y tragarme las palabras ásperas que estaban deseando salir de mi boca.

Empecé este capítulo con una alocada historia sobre mi perrita, Ruby, y su mecanismo de adaptación cuando se vio superada por el hambre y por las constantes demandas de sus cachorritos. Y lo termino con un recordatorio de que somos seres mucho más complicados que los caninos. Por mucho que pensemos que un paseo tranquilo con aperitivos es la cura para lo que nos aflige (y por mucho que tengamos razón hasta cierto punto), la realidad es que el Señor a menudo toma nuestras luchas y las utiliza como herramientas para mostrarnos con cuánta desesperación necesitamos su fortaleza y su gracia cada día. Las sobras de los cumpleaños son buenas, pero Jesús siempre es mejor.

EL RETO

MADRE MEDIOCRE	MADRE EXCELENTE EN CRISTO
Se ofende de la sugerencia de que las hormonas no excusan una multitud de pecados.	Sabe que solo el amor de Cristo cubre una multitud de pecados.
Se centra en la gracia y excluye su responsabilidad personal.	Se niega a utilizar la gracia como excusa para no crecer.
Se siente avergonzada por las amonestaciones a "ser mejor".	Se siente fortalecida al saber que, en Cristo, podemos elegir hablar con amabilidad.

PASOS A SEGUIR

- Memoriza y medita en Efesios 4:2 (NVI): "siempre humildes y amables, pacientes, tolerantes unos con otros en amor".
- Tómate un momento para identificar los síntomas del desequilibrio hormonal.
- Esboza tres pasos prácticos (como el reto de la amabilidad, comer bocadillos con regularidad, tomar una siesta energética de quince minutos o dejar de seguir cuentas de redes sociales inapropiadas) para superar los impulsos de desquitarte por tus días malos con tu familia.

PREGUNTAS PARA LA REFLEXIÓN PERSONAL

¿En qué aspectos soy alguien "siempre humilde y amable"? ¿En qué aspectos no lo soy?

Si les pidiera a mis hijos que describieran mi forma de hablar, ¿qué dirían?

¿Cómo puedo invitar a toda mi familia a que se esfuerce por hablar con amabilidad?

ORACIÓN

Señor, eres paciente con nosotras, tardo para la ira y grande en misericordia (Números 14:18). Enséñanos a seguir tu ejemplo y a poner un freno a las palabras ásperas e impacientes que quieren salir de nuestra boca.

10

INSTRUYAMOS A NUESTROS HIJOS EN EL CAMINO QUE DEBEN SEGUIR

Cuatro principios para inculcar buenos hábitos

En los dos capítulos anteriores, hemos hablado de formas prácticas de disciplinarnos: maneras de profundizar nuestro amor por la Palabra de Dios, disciplinar nuestra mente y nuestro cuerpo para hacer las cosas difíciles (tengamos ganas o no), hablar con amabilidad y ser constantes en acudir al Señor en busca de fortaleza y ayuda, ¡*todas cosas buenas*! (Definitivamente, lo estaría llenando de emojis aplaudiendo si esto fuera un *post* en las redes sociales).

Ahora bien, ¿qué tienen que ver esos métodos para formar nuestro propio carácter con un bebé de trece meses que se despierta cuatro veces por la noche? ¿O con un niño respondón de cinco años? ¿O con un niño llorón de dos años? ¿O con una quinceañera angustiada?

Mucho, en verdad.

¿Y en qué se diferencia la instrucción bíblica de los niños de la perspectiva mundana de la crianza de los hijos, que con demasiada frecuencia nos conduce a ser madres mediocres?

Mucho, en verdad.

Los deportistas de élite la practican. Nosotras también deberíamos hacerlo

Verás, la "disciplina" a menudo parece una mala palabra en los círculos seculares de crianza de los hijos. Incluso he visto que la consideran "horrible". Después de todo, nuestros hijos no son perros. Son seres humanos con necesidades, emociones y facetas complejas. A menudo he oído que quienes se oponen a la idea de instruir a los hijos expresan cosas como "Yo no enseño a mis hijos, más bien aprendo de ellos" y "Tus mismos hijos te guían". Estas frases suenan muy terrenales y sabias, pero rápidamente muestran su falta de sustancia frente incluso a la crisis más leve de un niño pequeño. No sé exactamente qué debo aprender de la inclinación de mi hijo de dos años a tirarse al suelo sucio del supermercado y mezclar sus lágrimas calientes con el chicle del zapato de alguien, aparte de que es un pecador y, por mucho que me exaspere este comportamiento, yo también lo soy. Pero confío en que le esté enseñando algo sobre cómo responder a las tendencias pecaminosas.

Es que, aunque estoy de acuerdo en que (a) los niños son seres emocionales y espirituales complejos para los que la instrucción debería ser muy diferente a la de los animales y (b) podemos aprender mucho de sus mejores cualidades, mentiría si dijera que no creo sinceramente que una renuncia a nuestra labor de instruir a nuestros hijos es también una renuncia a ser madres excelentes en Cristo. Al igual que una gimnasta olímpica nunca renunciaría a una rigurosa disciplina de entrenamiento si quiere ganar el oro, como madres seríamos miopes si eligiéramos el camino aparentemente fácil de la crianza pasiva si deseamos "[proseguir] a la meta, al premio del supremo llamamiento de Dios en Cristo Jesús" (Filipenses 3:14). Porque lo que parece ser la opción más fácil a corto plazo, a la larga demuestra ser muy difícil, de hecho, cuando nos encontremos con graves problemas de conducta y relación en el futuro. No solo eso, sino que la Biblia nos pide más, por eso es tan clave dedicarnos primero a nuestra propia disciplina.

Si primero no nos hemos disciplinado a perseverar en las cosas difíciles cuando sea necesario, ¿cómo podemos esperar que nuestros hijos tomen con cierta calma su ropa "estropeada"? (Esa es la descripción angustiada de mi hijo de cuatro años de cualquier prenda de vestir con arrugas; y, con una mamá con un horario bastante ocupado que no incluye mucho planchado, todas estaban así). Si primero no hemos sido ejemplo de la dependencia de Cristo día tras día, ¿cómo podemos animar a nuestros hijos a acudir a Jesús en sus momentos de necesidad? Si no hemos leído la Biblia, ¿cómo podemos siquiera saber lo que las Escrituras dicen acerca de nuestras responsabilidades hacia nuestros propios hijos, y mucho menos imaginar que ellos querrán averiguar más por sí mismos?

No me malinterpreten: no somos Jesús. No podemos salvar a nuestros hijos, ni podemos garantizar su rectitud. No podemos traer convicción de pecado a su corazón. Solo el Espíritu Santo puede hacerlo. No solo eso, sino que cualquier madre secular que quiere "resultados" más que santidad podría, con suficiente esfuerzo, formar hijos bien educados.

Lo que podemos hacer es poner un fundamento de rectitud que los mantenga firmes a medida que crezcan y maduren y (si Dios quiere) desarrollen una relación personal con el Señor.

Lo que podemos hacer es poner un fundamento de rectitud que los mantenga firmes a medida que crezcan y maduren y (si Dios quiere) desarrollen una relación personal con el Señor. Y una de las principales formas de hacerlo es enseñándoles a "hacer justicia, y amar misericordia, y humillar[se] ante [su] Dios" (Miqueas 6:8) mientras estén bajo nuestro techo.

Las mamás decimos la verdad

¿Has visto alguna vez la versión de la justicia que tiene un niño de dos años? Es más o menos así: un niño de dos años le roba algo a su hermanito más pequeño. No es exigente; le viene bien cualquier cosa. El niño de dos años se siente feliz y realizado, a pesar de que su hermanito de ocho meses llora desconsoladamente porque le ha arrebatado el chupete de la boca y ahora cuelga del cuello de su hermano mayor que lo hace girar atado a un lazo mientras se pasea por la habitación ignorando plácidamente la desdicha de su hermano. La vida es buena y no hay nada malo en el mundo. Al menos para el niño de dos años.

Dos minutos más tarde, la hermana de cinco años del niño ladrón de dos años entra en la habitación y le quita el lazo con el chupete y se lo devuelve a su hermanito. Además, le saca de las manos su camión de juguete favorito mientras se da la vuelta para marcharse. El niño de dos años estalla de ira e impotencia. ¿Cómo se *atreve* alguien mayor y más grande que él a aprovecharse de su inocencia de una manera tan nefasta e insensible? Hay llanto y crujir de dientes. Habrá sangre (sí, en realidad, podría haberla si ese crujir de dientes se convierte en una mordedura de oreja).

El niño de dos años no establece *ninguna* relación entre la nefasta conducta de su hermana y su propio trato (claramente inocente y completamente justificable) hacia su hermanito menor. ¿Por qué? Porque es un pecador. Lo que significa que es un pequeño egoísta que se mira el ombligo (algunas de ustedes se acaban de quedar sin aliento). Un *adorable* egocéntrico, capaz de los mejores abrazos y los momentos más dulces de comportamiento adorable, lo reconozco, pero un egocéntrico al fin y al cabo.

Independientemente de nuestra personalidad —ya sea que seamos resueltas y confrontativas o mansas y humildes—, las madres decimos la verdad.

Y su versión de la "justicia" siempre va a estar sesgada a su favor. Esta es nuestra predisposición como pecadores, pequeños o grandes. Lo que significa que es nuestra labor como madres predicar la verdad, no solo a nosotras mismas, sino también a nuestros hijos de dos años, a nuestros hijos de veintiséis años y a los de todas las edades intermedias (y más allá). Independientemente de nuestra personalidad —ya sea que seamos resueltas y confrontativas o mansas y humildes—, las madres decimos la verdad. Debemos hacerlo o no habremos cumplido uno de los principales mandatos bíblicos sobre las leyes de Dios dado en

Las enseñarás diligentemente a tus hijos...

Deuteronomio 6:7 (nbla)

Deuteronomio 6:7 (NBLA): "Las enseñarás diligentemente a tus hijos, y hablarás de ellas cuando te sientes en tu casa y cuando andes por el camino, cuando te acuestes y cuando te levantes".

Es todo un tema.

Por eso he insistido tanto en nuestra necesidad no solo de conocer la Palabra de Dios, sino también de asimilarla de manera que cobre vida para nuestros hijos en una variedad de circunstancias.

Genial, pero ¿cómo lo hago?

Confesión: Cuando le leí esta parte del capítulo a mi marido, me dijo: "¡Me gusta! Pero tengo la sensación de que la mayoría de las mujeres cristianas lo leerán y pensarán: '¡Sí, pero ¿qué significa eso en la práctica?'".

Tengo esa misma sensación cada vez que alguien responde a una pregunta mía muy pragmática con una respuesta aparentemente teórica. Sí, está bien, pero ¿podrías ser más concreta?

Puedo serlo. Y lo seré. Te lo prometo, pero primero quiero transmitir algo fundamental, que intentaré hacer con un viejo dicho bastante trillado que quizás hayas oído alguna que otra vez: "Dale un pez a un hombre y lo alimentarás durante un día. Enséñale a pescar y lo alimentarás toda la vida".

Este es mi objetivo. Porque lo más probable es que yo haya enfrentado suficientes travesuras de niños de dos años como para poder ayudarte al menos un poco con cualquier dilema que tengas con tu hijo de dos años.

¿Le están saliendo los dientes? Puedo ayudarte.

¿Necesitas enseñarle a ir al baño? También.

¿Lloriqueos? También.

Sin embargo, mi primera pregunta es la siguiente: ¿Quieres simplemente que tu hijo deje de hacer (lo que sea) *ahora* para que puedas tener un alivio temporal y recuperes tu cordura? ¿O quieres comenzar a inculcarle preceptos bíblicos que le ayuden a desear la rectitud y una relación genuina con el Señor en el futuro?

Las dos cosas no son mutuamente excluyentes, y voy a rechazar la sugerencia de cualquiera de que hablar al corazón será suficiente para producir un cambio de comportamiento constante y duradero.

Porque las acciones son muy, muy importantes. De hecho, muchas veces, si no estamos formando su conducta, no seremos capaces de llegar al corazón de nuestros hijos para sembrar esas semillas profundas de la verdad (porque un niño de seis años que no sabe escuchar puede que nunca asimile nada de la bondad bíblica que impartimos durante los devocionales familiares). Estamos formando a nuestros hijos para que amen la rectitud, la justicia y la misericordia, y mostrándoles cómo se hace en la práctica (por eso exigimos al niño de dos años que devuelva el chupete y al de cinco que se disculpe por llevarse el camión de juguete).

Jesús no solo dijo a sus discípulos que meditaran sobre su muerte y sufrimiento para conmemorar su sacrificio en la cruz. No los exhortó a sentirlo en sus corazones. Por el contrario, les dio pasos de acción específicos: *Beban de esta copa y coman de este pan en memoria de mí.* ¿Por qué? Porque "todas las veces que comiereis este pan, y bebiereis esta copa, la muerte del Señor anunciáis hasta que él venga" (1 Corintios 11:26).

Si nos limitamos a memorizar versículos con nuestros hijos, pero nunca los ponemos en práctica, porque confiamos en que la memorización de las Escrituras será suficiente para producir obediencia y bondad, nos llevaremos una gran decepción cuando nos demos cuenta de que nuestra hija de diez años puede recitar los frutos del Espíritu palabra por palabra, pero no tiene suficiente dominio propio para no expresar todas las cosas típicamente preadolescentes que se le pasan por la cabeza.

Es como leemos en Santiago 1:22-24: "Pero sed hacedores de la palabra, y no tan solamente oidores, engañándoos a vosotros mismos. Porque si alguno es oidor de la palabra pero no hacedor de ella, este es semejante al hombre que considera en un espejo su rostro natural. Porque él se considera a sí mismo, y se va, y luego olvida cómo era".

Sí, la Palabra tiene el poder de transformar, pero solo si obedecemos lo que dice.

Por supuesto, también nos equivocamos si enseñamos a nuestros hijos a hablar educadamente por el simple hecho de "ser educados". Como mencioné anteriormente, la instrucción de los hijos no tiene que tener un énfasis exclusivamente bíblico. Mi padre solía contarme historias de cómo su propia madre, que era una incrédula acérrima, enseñaba a sus cinco hijos a comportarse perfectamente bien en público y luego les permitía desbocarse en casa. Le importaba más la *percepción* que la gente tenía de la bondad de sus hijos que la bondad en sí misma.

En Mateo 12:34, Jesús señala: "Porque de la abundancia del corazón habla la boca". En otras palabras, podemos limpiar nuestro lenguaje con éxito, pero, en cierto momento, lo que realmente pensamos *saldrá* a la luz. Con los niños, ese momento suele ser más temprano que tarde. (La inclinación de Honor a referirse a mi barriga de embarazada como "grandotota" cuando esperaba a nuestro segundo par de gemelos es prueba de ello). Solo si hemos sido diligentes en sembrar la bondad de la Palabra de Dios en lo más profundo del alma de nuestros hijos y practicarla a diario, habremos hecho nuestra parte para asegurarnos de que lo que brote de su interior y salga de su boca sea un reflejo de la verdad de Dios.

Nadie tiene hijos porque sea fácil

Hace años, en la escuela bíblica de vacaciones, una mujer me dijo: "Yo tendría más hijos si los míos se portaran tan bien como los tuyos".

El comentario me tomó por sorpresa, en parte porque acababa de sorprender a mi hija de dos años robando galletitas de la mesa de dulces justo después de haber convencido a mis gemelas de cuatro años de que se bajaran de otro precipicio de crisis emocional. (Si pensabas que las emociones de las niñas de cuatro años eran estridentes, puedo asegurarte de que son ensordecedoras en estéreo). Mis hijos son dulces y capaces de tener actos de gran bondad, pero también son solo eso: niños. Están bien capacitados para volvernos locos a mí y a los demás con su propensión a dejar ropa sucia por todos los rincones, cantar intencionadamente y en voz alta la letra equivocada en repetición para sacar de quicio a sus hermanos, derramar jugo de uva en la alfombra del salón y golpearse en la cabeza con espadas de gomaespuma.

También me desconcertó un poco la sugerencia de que habíamos seguido teniendo hijos por su naturaleza angelical. Esta mujer era cristiana, y una férrea calvinista. Sabía que, teológicamente hablando, era imposible que yo hubiera tenido seis hijos obedientes por naturaleza. Y *debería* haber sabido que, aun cuando un niño resulte ser obediente, eso no es garantía de que sus futuros hermanos tengan temperamentos igualmente dóciles y maleables.

No.

Su buena disposición y docilidad —cuando se manifestaban— eran el resultado de años de oración, disciplina y formación. No digo esto para dar a entender que yo puedo producir verdadera bondad en mis hijos. Como explica 1 Corintios 3:6-8:

> Yo planté, Apolos regó; pero el crecimiento lo ha dado Dios. Así que ni el que planta es algo, ni el que riega, sino Dios, que da el crecimiento. Y el que planta y el que riega son una misma cosa; aunque cada uno recibirá su recompensa conforme a su labor.

Creo sinceramente que mi mayor y más sagrado propósito como madre es guiar a mis hijos a Jesús al *instruirlos* en sus caminos. Sin embargo, no puedo atribuirme ningún mérito de que *permanezcan* en sus caminos. Eso es obra de Dios.

Cuatro principios básicos de la educación de los niños

Aun así, creo sinceramente que hay ciertos principios universales en la educación de los niños, que pueden aplicarse a casi cualquier situación en la que haya niños implicados. Y estoy más convencida de estos principios cuanto más tiempo llevo como madre y más hijos he tenido, *aunque* cada niño ha mostrado tener preferencias distintas y una personalidad única prácticamente desde el momento de su nacimiento.

Los valores fundamentales de la educación de los niños que mi esposo y yo seguimos, sin importar la personalidad o la situación, son los siguientes:

comunicación
coherencia
disciplina
cumplimiento de la palabra

Parece muy básico en principio; pero ¡qué difícil puede ser en la práctica! Cuando llegaron Evy y Nola, ya había enseñado a tres niños a leer, usar el orinal, abrocharse el cinturón de seguridad del auto y comer con cubiertos. Antes que las "gemelas" llegaran a los "terribles dos años" (lo cual, en mi opinión, es un denominativo inapropiado; prefiero a un niño de dos años que a un niño en edad preescolar), conocía bastante bien la importante etapa de los niños pequeños y estaba razonablemente convencida de que nuestros cuatro fundamentos para la educación eran componentes clave para sobrevivir a algunas de las etapas más difíciles con las que me había enfrentado.

A decir verdad, en muchos aspectos las gemelas fueron *más fáciles* de bebés que los bebés no gemelos. Dormían toda la noche desde muy pequeñas, acurrucadas cabeza con cabeza. Se entretenían mutuamente. En algunos momentos, parecían competir por la ternura. Eran muy divertidas.

No obstante, cuando llegaron a los dos años y nueve meses, casi todo —no diré que todo— cambió. Se volvieron malhumoradas, incluso dramáticas, por cosas aparentemente insignificantes. Expresaban sus grandes emociones en tonos y decibelios que nos dejaban los oídos zumbando. (Al menos, el zumbido de nuestros oídos atenuaba un poco los gritos). Y empezaron a detestar sus sillitas para el auto, lo que hizo que nuestros viajes diarios de ida y vuelta de una hora al gimnasio donde daba clases fueran una tortura. De verdad me preguntaba si Theo, cuya sillita de bebé estaba entre las suyas, sufriría pérdida de audición.

¿Y lo peor? Se cambiaban de ropa 18.972 veces al día. Pues bien… solo ocho, pero no exagero. Antes de poder cortar de raíz esa manía particular, sentía que la mayor parte del tiempo en que no tenía que escolarizar en casa, limpiar todo lo que derramaban, amamantar, leer cuentos o hacer la comida, lo pasaba recogiendo prendas de ropa por todos los rincones de la casa. Era un trabajo a tiempo completo que no quería, no necesitaba ni solicitaba (aparte de dar a luz a mis hijos, para los que ahora "trabajo", supongo). Y dependía enteramente de mí dejar de hacerlo (lo de recoger la ropa, no lo de ser madre).

¿Y qué hice? Apliqué mis métodos probados de comunicación, coherencia, disciplina y cumplimiento de la palabra de forma muy práctica.

Maneras prácticas de enseñar a tus hijos a "ser de bendición"

Primero, comuniqué el comportamiento que esperaba de mis hijas. Esto es *muy importante* y, sin embargo, tan básico que a menudo olvidamos este paso y simplemente metemos a todo el mundo en el auto para hacer los mandados. Cuando nos aventuramos a ir al supermercado sin ninguna instrucción o plan, nos preguntamos por qué todos parecen empeñados en tocar al menos tres superficies de cada artículo de la tienda. ¿La respuesta? No les hemos recordado el protocolo. Cada vez que alguien me pregunta cómo puedo hacer mandados con varios niños sin sentirme (demasiado) extenuada, les digo que en gran parte se debe a transmitir mis expectativas a dichos niños antes de salir de nuestro gigante autobús.

En la medida de lo posible, les informo cuántas paradas tenemos que hacer, cuánto tiempo vamos a estar fuera en términos que los niños más pequeños puedan entender (no digo "volveremos en dos horas", sino "volveremos a la hora de comer"), y lo que necesito de ellos (que el mayor tome de la mano al menor, que el mediano lleve el carrito de las compras, que todos mantengan las manos quietas a menos que se les pida que ayuden a sostener algo).

Y siempre les recuerdo que, vayamos donde vayamos y hagamos lo que hagamos, queremos "ser una bendición"; nuestro lema familiar.

Esto no significa que siempre hacen exactamente lo que les pido, ni mucho menos, pero al menos saben lo que *deberían* hacer en cada situación, lo que nos prepara para el éxito en lugar de la confusión.

En el caso de la manía de las gemelas por cambiarse la ropa, la comunicación significaba que les decía que, una vez vestidas, debían llevar esa ropa hasta que estuviera demasiado sucia o hasta que nos pusiéramos el pijama. Si no seguían mis instrucciones, habría consecuencias. Y se lo transmitía sistemáticamente cada día (algo necesario porque eran muy pequeñas).

En cuanto a la disciplina, tenía un doble sentido:

1. Requería disciplina por mi parte para ser consecuente en la comunicación de mis expectativas.
2. Tenía que estar dispuesta a imponer la disciplina adecuada cuando las gemelas no obedecían las directrices que les había dado claramente.

Por último, pero no por ello menos importante, tenía que cumplir la palabra y hacerlo de inmediato. Para mí, eso significaba aplicar las consecuencias, como acostarse temprano y perder privilegios, y la ardua tarea de perseguir a dos niñas de dos años por toda la casa mientras recogían y "doblaban" (¿alguna vez has visto a una niña pequeña doblar una prenda de ropa?) toda la ropa que habían tirado, la llevaban a su habitación y la guardaban en los cajones.

Con demasiada frecuencia, cumplir la palabra es el punto en la educación donde falla nuestra voluntad. Puede que digamos a nuestros hijos lo que esperamos de ellos y que hablemos de disciplina, pero cuando llega el momento de cumplir lo que decimos que vamos a hacer, nos desanimamos. ¿Por qué? Porque cumplir la palabra suele ser más incómodo para nosotras que para nuestros hijos. (¿Alguna vez expresaste "Sería mucho más fácil hacerlo yo misma"? Sí, yo también). Especialmente, el tipo de cumplimiento que requiere que dejemos inmediatamente de hacer cualquier cosa importante que estemos haciendo en ese momento y nos dediquemos de lleno a la situación en cuestión.

En el caso de las fiestas de disfraces diarias de las niñas, cumplir la palabra consistía en cerrar la puerta de su habitación, la más práctica de las estrategias de disciplina (limitar el acceso). Esta medida era tanto un castigo para mí como para ellas, ya que su habitación estaba en el segundo piso y la compartían con Della, que dependía de mí para abrir la puerta cada vez que necesitaba algo de su habitación. También significaba que las niñas ya no pasaban mucho tiempo jugando alegremente en su habitación.

Me tomaba más tiempo solucionar ese problema que cuando yo misma me encargaba de recoger todo. Aunque no me encantaba recoger shorts y camisetas arrugadas por todos los rincones de la casa, podía hacerlo muchísimo más rápido que mis hijas. Y cada vez que las mandaba a la cama antes de tiempo por hacerse tres cambios rápidos de ropa antes de ponerse el pijama mientras yo cuidaba de su hermanito, tenía que soportar llantos de ira y desesperación. Habría sido mucho más fácil dejarlo pasar y esperar que se olvidaran de las consecuencias prometidas.

Reflejemos el carácter fiel de Dios a nuestros hijos

Casi puedo oírte decir: "Pero ¿qué pasa con la gracia, Abbie? ¿Siempre tenemos que hacer exactamente lo que decimos?". No necesariamente. Podemos cambiar de marcha a mitad del día. Y la gracia es importante. Tenemos muchas oportunidades de ofrecer a nuestros hijos la gracia de una respuesta menos estricta de la prometida cada día. Y podemos enseñar poderosas verdades sobre la abundante gracia de Dios hacia nosotros cuando elegimos sabiamente esas oportunidades. Sin embargo, si hacemos del "dejarlo pasar" la regla en lugar de la excepción, comunicamos algo preocupante a nuestros hijos, algo que deshace gran parte de la constancia o cualquier otra disciplina que tanto nos ha costado establecer: la idea de que realmente no queremos decir lo que decimos. Y cuando no cumplimos nuestras promesas (ya sean de

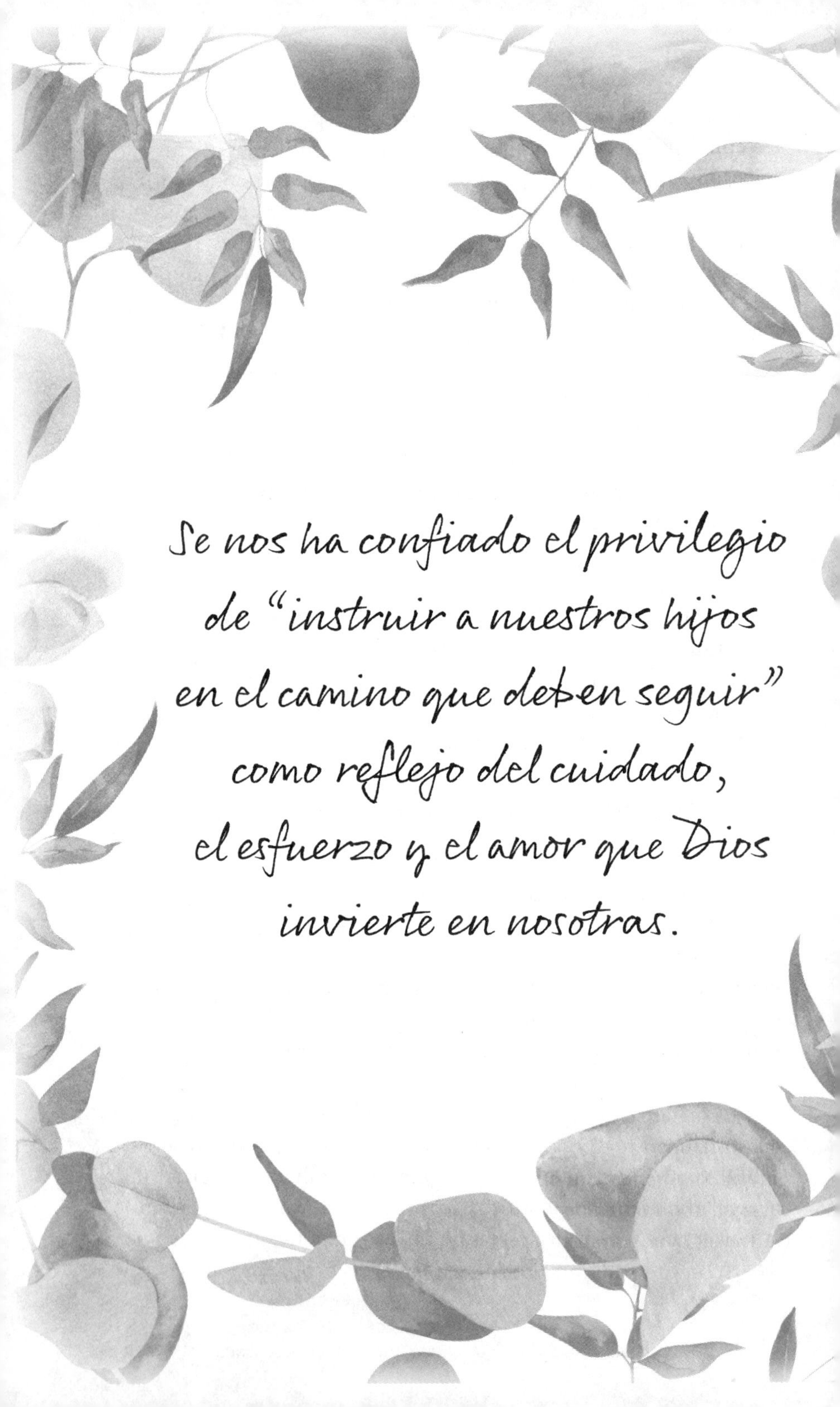

Se nos ha confiado el privilegio
de "instruir a nuestros hijos
en el camino que deben seguir"
como reflejo del cuidado,
el esfuerzo y el amor que Dios
invierte en nosotras.

disciplina o de recompensa), inadvertidamente comunicamos a nuestros hijos que su Padre celestial tampoco cumplirá las suyas.

Porque esa es la verdad fundamental sobre la instrucción: Se nos ha confiado el privilegio de "instruir a nuestros hijos en el camino que deben seguir" como reflejo del cuidado, el esfuerzo y el amor que Dios invierte en nosotras. Ceder cuando es difícil o inconveniente es una imagen inexacta del compromiso de nuestro Padre Dios con nuestra santidad. Sí, a veces nos faltará constancia, pero Él nunca obra así. Y cuanto más *nos* disciplinemos en dar prioridad a la coherencia y el cumplimiento de la palabra, mejor reflejaremos su carácter fiel a nuestros hijos.

EL RETO

MADRE MEDIOCRE	MADRE EXCELENTE EN CRISTO
Adopta la postura "tus mismos hijos te guían".	Acepta el rol de madre y líder.
Teme la repetición que conlleva la educación.	Elige la coherencia como un acto de adoración.
Evita cumplir la palabra cuando resulta difícil o inconveniente.	Cumple la palabra, incluso cuando es difícil.

PASOS A SEGUIR

- Memoriza y medita en Hebreos 12:11: "Es verdad que ninguna disciplina al presente parece ser causa de gozo, sino de tristeza; pero después da fruto apacible de justicia a los que en ella han sido ejercitados".
- Elige tres cosas que te ayudarán prácticamente a ser constante en la educación de tus hijos. (Mis favoritas son las alarmas como recordatorios para hacer algo, los cronómetros para llevar la cuenta del tiempo, y medidas sencillas como preparar los zapatos y los refrigerios antes de salir de casa).

- Coloca declaraciones bíblicas de los beneficios de la disciplina alrededor de tu casa como motivación para seguir adelante.

PREGUNTAS PARA LA REFLEXIÓN PERSONAL

¿De qué manera estoy aceptando la posición que Dios me ha dado como "mamá" en lugar de "mejor amiga"? ¿En qué aspectos no lo hago?

¿Qué me impide ser coherente o cumplir la palabra? ¿Cómo puedo mejorar esas cosas?

¿Realmente creo que instruir a mis hijos en el camino que deben seguir marcará una diferencia significativa en sus vidas? Si es así, ¿cómo lo estoy ejemplificando?

ORACIÓN

Señor, tú nunca nos abandonas, no importa cuán obstinadas o difíciles seamos. Y sabemos que nos amas porque nos disciplinas (Hebreos 12:6). Ayúdanos a seguir tu ejemplo y amar a nuestros hijos lo suficiente como para instruirlos en tus caminos.

11

EL SISTEMA DE RECOMPENSAS

Una forma sencilla de fomentar las buenas decisiones

Podrías imaginar que, como madre de diez hijos a la que no le gusta el caos, soy la reina de los gráficos y los sistemas, pero no es así. Detesto los gráficos con etiquetas adhesivas, no porque sean malos, sino porque soy pésima a la hora de *adherirme* a ellos. Y ni hablar de las bolitas de fieltro para el comportamiento, las cuentas de colores para las calificaciones y las estrellas doradas para las tareas del hogar. Creo que la frase "no puedo más" surgió justo después que una madre superorganizada le explicara con entusiasmo su sistema de bolitas de fieltro/cuentas de colores/estrellas doradas a alguien como yo, y alguien como yo casi se muere. De nuevo, no tengo nada que objetar sobre el concepto. Y felicito a cualquiera que pueda llevarlo a la práctica, pero conozco mis límites y está claro que no van más allá de un sistema de recompensas con un solo elemento.

A mí me gusta el ritmo más que un programa estricto. Soy partidaria de un planteamiento sencillo y repetitivo de la mayoría de las tareas que nos permita a los niños y a mí recordar lo que hay que hacer sin muchos accesorios ni componentes adicionales, un método que suele darnos buenos resultados. Sin embargo, también tiendo a apretar los dientes y enfrentar los obstáculos en la crianza de mis hijos sin tomarme el tiempo de hacer una pausa y evaluar qué medidas prácticas podrían aliviar un poco la presión. Es útil cuando estamos frente a una fecha límite o una temporada especialmente difícil, pero no funciona tan bien con los problemas de comportamiento recurrentes.

Doy gracias por mi marido, que tiene el don de evaluar una situación problemática y luego plantear una "receta" para una solución factible cuyos ingredientes clave son "simplicidad y repetición".

Un sistema para los que "no pueden más"

Hace años, cuando nuestro hijo mayor tenía solo diez años y estábamos dedicados a fondo a terminar de construir nuestra segunda casa, surgía regularmente un tema en particular: cómo motivar a nuestros hijos a ver lo que había que hacer en la casa (o en sus tareas escolares o actividades extracurriculares como clases de música) y hacerlo con una actitud alegre sin tener que recibir regaños de nosotros. Necesitábamos algo que resistiera incluso las temporadas más ajetreadas, como en la que nos encontrábamos. Cada vez que hablábamos de crear algún tipo de gráfico, la conversación quedaba en la nada porque los dos "no podíamos más". Necesitábamos algo que pudiéramos mantener en el tiempo sin que nos obligara a hacer otro viaje más a la tienda para reabastecernos de los elementos necesarios.

La inspiración llegó cuando Shaun se acordó del gigantesco tarro de monedas en el que llevaba años echando las monedas pequeñas que le sobraban. Estoy segura de que su intención era cambiarlos por billetes en el banco algún día, pero creo sinceramente que el Señor había estado preparando ese tarro de monedas para "un momento como este", porque el uso que les hemos dado ha valido más que cualquier cosa que esas monedas pudieran comprar.

Shaun propuso que empleáramos elementos que ya teníamos en casa —un montón de monedas pequeñas y algunos frascos de vidrio— para implementar una forma muy sencilla y práctica de alentar a nuestros hijos a tomar buenas decisiones, ya sean espirituales, interpersonales, académicas o relacionadas con las tareas domésticas. Escribimos el nombre de cada niño en un frasco con un rotulador permanente y colocamos los frascos, junto con el tarro principal de monedas, en la repisa de la ventana de nuestra cocina.

Una noche que nos quedamos con mi esposo en casa, nos pusimos a escribir a máquina una lista de comportamientos con los que nuestros hijos se podían ganar monedas, una lista de faltas con las que podían perderlas, y una lista de recompensas por las que se podían canjear monedas. Oramos sobre este nuevo sistema y pedimos al Señor que lo bendijera con éxito y a nosotros con la voluntad de aplicarlo constantemente.

Y entonces anunciamos a Ezra, Simon y Della (nuestros únicos hijos con edad suficiente para entender el concepto) que recibirían monedas por cosas como hablar con amabilidad, terminar de leer un libro, memorizar versículos de la Biblia, hacer un esfuerzo adicional (en cualquier situación), aprender una pieza musical o, simplemente, estar bien dispuestos a ayudar. Perderían monedas si hacían lo contrario: ponerse de mal humor, quejarse o arrastrar los pies cuando se les asigne una tarea. Los niños respondieron a la idea con entusiasmo, sobre todo cuando vieron que en la columna de "recompensas" se incluían tiempo frente a la pantalla, golosinas especiales y "quedarse despierto hasta tarde".

Tardamos una semana en acostumbrarnos a transferir las monedas del tarro principal a los frascos de los niños cuando hacían algo merecedor de monedas; pero pronto, con los entusiastas recordatorios de los niños, desarrollamos un ritmo de disciplina y recompensas sin más que unas monedas y frascos de vidrio usados.

Son dádivas, no deudas

Desde el principio, explicamos a nuestros hijos que no podían exigir monedas por su comportamiento y que hacer algo útil con una motivación obviamente especuladora (más dinero) podría no producir los resultados que esperaban. En cambio, les dijimos que buscaríamos momentos de auténtico agradecimiento, caridad y diligencia. Al igual que en el Reto de la amabilidad (o en cualquier otra situación en la que fuéramos muy conscientes de nuestras elecciones y actitudes), nos dimos cuenta de que nuestros hijos empezaban a buscar formas de contribuir o ser diligentes.

Desde el principio, explicamos a nuestros hijos que no podían exigir monedas por su comportamiento y que hacer algo útil con una motivación obviamente especuladora (más dinero) podría no producir los resultados que esperaban.

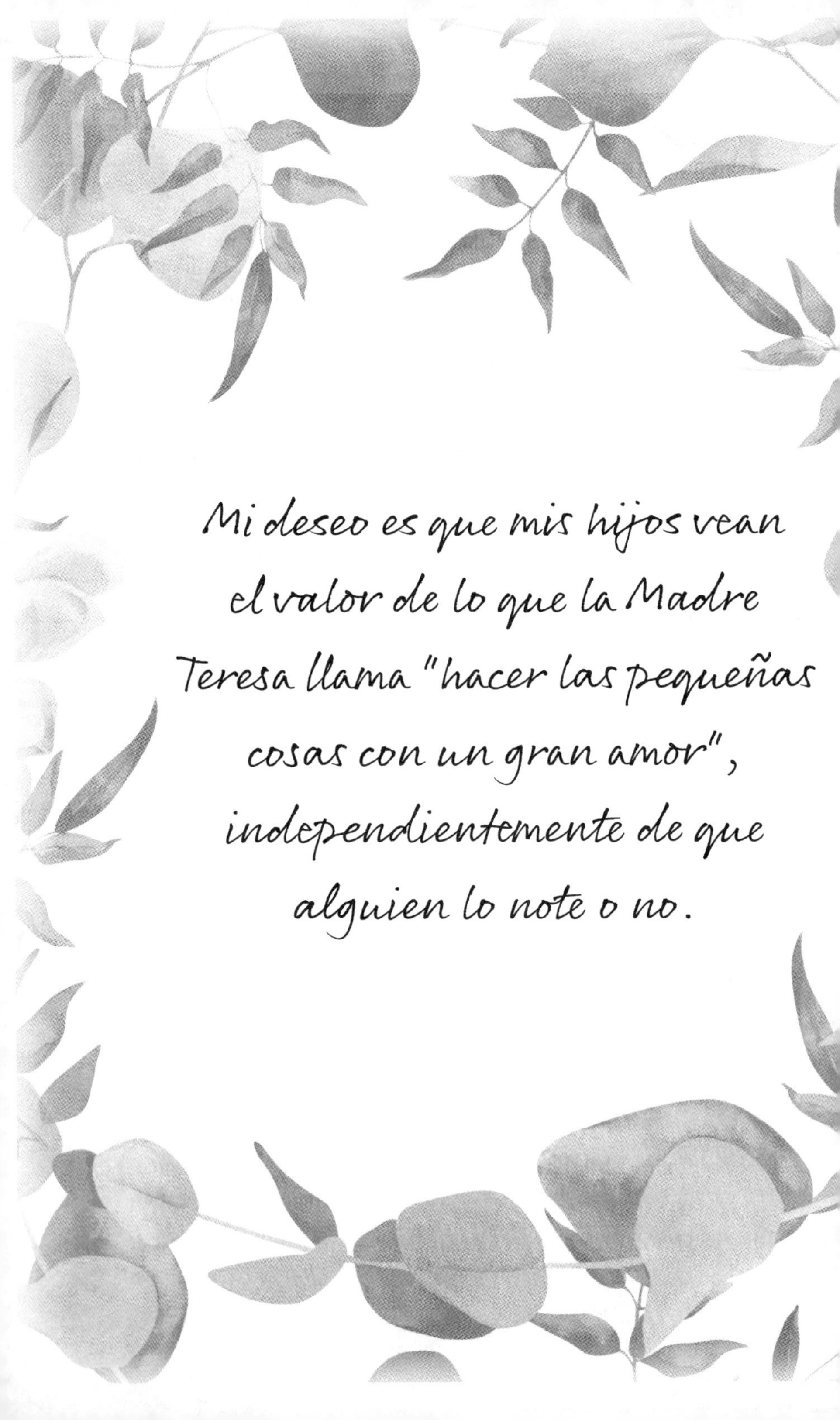

Mi deseo es que mis hijos vean
el valor de lo que la Madre
Teresa llama "hacer las pequeñas
cosas con un gran amor",
independientemente de que
alguien lo note o no.

Cuanto más los animábamos, chocábamos los cinco y echábamos monedas en los frascos por cosas positivas que oíamos por casualidad desde otra habitación o sin que los niños se dieran cuenta de que estábamos allí, más crecía la diligencia y la consideración de nuestros hijos.

Siempre me ha impresionado la capacidad de buena disposición que tienen nuestros hijos. Están todos siempre prestos a aceptar a las personas nuevas, a tender la mano a los marginados y a prestar atención a los ignorados. Es una de las cosas que más me gusta de ellos. Y uno de mis momentos de mayor gratitud como madre fue cuando otra madre de nuestra cooperativa de escolarización en casa me envió un mensaje para decirme que había visto a nuestros dos hijos mayores jugar al baloncesto con un alumno al que otros niños solían evitar por las cicatrices de sus quemaduras.

Sabía que nuestros hijos tenían una gran capacidad para la bondad. (¿Y sabes qué? ¡Los tuyos también!). Pero a veces, como acabo de mencionar, están más dispuestos a prodigar esa consideración a quienes apenas conocen que a su propia familia. Sin embargo, a medida que avanzábamos con el sistema de recompensas, vi que esa tendencia empezaba a cambiar. Sus ojos se habían abierto a la alegría de tratar a sus hermanos no solo con buenos modales, sino también con la misma consideración con la que ellos querían ser tratados. El resultado fue una mayor armonía en casa y una cantidad de monedas cada vez mayor. A los niños les encantaba recibir monedas, tanto porque podían "gastarlas" en recompensas como porque las monedas se convertían en una recompensa en sí mismas, una prueba de que sus esfuerzos se habían tenido en cuenta y se valoraban.

Un elemento importante para el éxito de este sistema es la naturaleza intermitente de la forma en que decidimos dar las monedas. Sí, siempre concedemos monedas por un libro terminado de cierta extensión, pero para casos menos concretos, nos reservamos el derecho de adjudicar monedas en algunos casos y en otros no, "según nos guíe el espíritu".

Por ejemplo, desde hace mucho tiempo, la tarea de nuestras hijas a la hora de dormir es ayudar a sus hermanos pequeños a prepararse para dormir. Les leen un cuento de la Biblia para niños y los arropan. A los niños les encanta y a las niñas les gusta ser la "hermana que arropa" preferida, pero algunos días, una tiene más ganas que la otra de ofrecerse como voluntaria. No tenemos un día fijo para cada una de ellas, así que la tarea suele recaer en la primera que habla. Muchas veces, esto se traduce en una moneda para la más rápida en pedirlo, pero no siempre. El hecho de no saber si recibirán una moneda por sus acciones mantiene el foco en la acción en sí. Quizá más importante que la moneda en sí sea la palabra de aprobación que les damos. Las monedas hacen sonreír a nuestros hijos. Los elogios los hacen brillar.

La actitud de sentirse con derechos a algo es un cáncer que ahueca el corazón incluso de los gestos aparentemente más abnegados. Una cosa que me encanta de la flexibilidad del sistema de recompensas de monedas (SRM) es que permite que el énfasis permanezca en notar el esfuerzo o la empatía genuinos en lugar de transmitir la actitud de que se les debe algo, una actitud que seguramente crecería en nuestros hijos si cada buena acción mecánica recibiera "lo convenido". En una cultura obsesionada con el "reconocimiento de las virtudes", mi deseo es que mis hijos vean el valor de lo que la Madre Teresa llama "hacer las pequeñas cosas con un gran amor", independientemente de que alguien lo note o no. Porque, como advierte 1 Corintios 13:3, "si repartiese todos mis bienes para dar de comer a los pobres, y si entregase mi cuerpo para ser quemado, y no tengo amor, de nada me sirve".

La motivación importa

Es mucho pedir a unas monedas sucias y a una mísera colección de frascos de vidrio manchados. Sin embargo, años después, seguimos adelante con el SRM y hemos añadido a nuestras filas a varios felices ganadores. Sinceramente, no me sorprende que hayamos podido perseverar con el SRM, ya que es un sistema sencillo perfecto para nuestra familia. Además, son monedas pequeñas, y ¿a qué niño pequeño no le encanta la idea de ganar dinero, incluso dinero que solo se puede canjear por privilegios o golosinas?

Lo que me ha sorprendido un poco es el impacto que ha tenido en nuestros hijos la idea de perder monedas. Puesto que le hemos atribuido importancia a ganarse una moneda, perdérsela tiene la misma importancia. A nuestros hijos no les gusta nada que les quiten monedas, no solo porque disminuye su "dinero", sino también porque es una representación visual de algo que han decidido decir o hacer de una forma poco aceptable. Los entristece perder monedas porque saben que significa que no han hecho lo mejor que podían para el Señor.

La cultura de las madres mediocres enseña que "sobornar a tus hijos para que te dejen en paz" es lo normal. ¿De qué otra manera puedes conseguir un momento de paz? Al mismo tiempo, veo a muchas madres preocupadas por no poder dar a sus hijos lo que "se merecen" (cosas como zapatos de marca, los juguetes más codiciados y la educación más costosa) desde un punto de vista material. Ninguno de los dos enfoques apunta al eje central de lo que enseña la Biblia sobre lo que merecemos ("la paga del pecado es muerte", como señala tan claramente Romanos 6:23). Ninguno de los dos destaca la importancia de inculcar y reforzar el carácter piadoso en nuestros hijos, que es la única manera de obtener una paz que "sobrepasa todo entendimiento" (Filipenses 4:7). No solo eso, sino que el énfasis en los bienes materiales solo subraya esa actitud de sentirse con derechos que mencioné anteriormente. Todos somos capaces de caer en esa trampa, pero los niños son especialmente propensos a caer en ella, y es nuestra labor como madres levantar sus ojos de las riquezas del mundo y dirigir su mirada hacia Jesús y el prójimo.

Las recompensas del SRM están lejos de ser un soborno y, desde luego, no es una forma de tener más "tiempo para mí". De hecho, el premio más codiciado por cada uno de nuestros hijos mayores es "tiempo para quedarse despierto", hasta el punto de que hemos designado la noche del sábado como "noche para quedarse despierto", y la mayoría de las monedas de nuestros hijos se destinan a su noche favorita de la semana en la que, si tienen suficientes monedas para ello, pueden quedarse despiertos dos horas más de lo habitual haciendo la actividad que elijan con Shaun y conmigo.

A pesar de lo cansada que suelo estar al final de la semana, me encanta que nuestros hijos vean el tiempo extra que pasan con nosotros como un regalo. (Total transparencia: las actividades que eligen son videojuegos interactivos con Shaun o una película conmigo; aquí no estamos aprendiendo a tallar madera ni a hacer macramé, precisamente).

Seguir a Jesús es su propia recompensa

A lo largo de los años, desde que presenté por primera vez el SRM en mi blog, se ha convertido en una de las soluciones alternativas más solicitadas, replicadas y apreciadas por las madres (irónico, ya que fue ideada por un padre). A pesar de lo feliz que me hace saber que algo tan básico puede ser una bendición para otras familias como la nuestra, lo que realmente espero que te lleves de este capítulo es lo siguiente:

1. Si te sientes abrumada por la idea de enseñar a tus hijos a amar hacer lo correcto, como al Señor, ¡no lo estés! No tiene que ser complicado. En realidad, no necesitas ningún sistema, solo el deseo y la voluntad de seguir llevando a tus hijos al pozo de Agua Viva que nunca se seca. Si aun así quieres algo más práctico, reúne algunas monedas y unos frascos. Hasta las familias más improvisadas pueden seguir este plan.

2. Si ya tienes un sistema completo con toda esa parafernalia que me pone la piel de gallina, ¡estoy muy orgullosa de ti! ¡Eres una estrella! Como he dicho, hay muchas y diversas maneras de ser una buena madre, y tener gráficos y etiquetas adhesivas y armarios llenos de premios organizados es definitivamente una de ellas.

Seguir a Jesús es su propia recompensa, pero a veces nuestros hijos necesitan algo tangible que se lo recuerde.

Seguir a Jesús es su propia recompensa, pero a veces nuestros hijos necesitan algo tangible que se lo recuerde. Depende de nosotras, como madres, encontrar formas de llegar a su mente y su corazón para dar vida a las verdades prácticas de las Escrituras. Me encanta que Jesús utilice la parábola de los talentos de Mateo 25 ("Bien, buen siervo y fiel") para mostrar a sus seguidores el valor de invertir en el reino de Dios. Me hace pensar que Él también habría aprobado el sistema de recompensa de monedas.

Preguntas frecuentes sobre el sistema de recompensas

1. ¿Pueden los niños empezar con monedas en sus frascos?

Claro que sí. Es alentador para los niños empezar con un poco de dinero. Sugiero dar a cada niño cinco monedas para empezar.

2. ¿Con qué frecuencia adjudicas monedas?

Podemos pasar días enteros sin adjudicar ninguna moneda, ya que nuestro objetivo es tomar buena nota de las actitudes y acciones que "van más allá". Algunos días podemos llegar a adjudicar hasta veinte, pero rara vez concedemos más de dos monedas por algo en particular. Y suele ser solo uno.

3. ¿Cuánto cuesta cada recompensa?

Eso puede variar mucho en función de la liberalidad con la que se concedan las monedas y la actividad de que se trate. No obstante, en nuestra casa, cuesta una moneda cada diez minutos de pantalla o de quedarse despierto (las dos recompensas más codiciadas).

4. ¿Con qué frecuencia pueden canjear las monedas por recompensas?

Una vez al día es una buena pauta. Incluso puedes programar un recordatorio en tu teléfono y avisar a tus hijos de que no pueden pedir canjear ninguna recompensa antes de esa hora. Dicho esto, como he mencionado antes, aparte de la "noche para quedarse despierto", la recompensa que eligen nuestros hijos son quince minutos de computadora, y saben que no deben pedirlo hasta que hayan terminado sus tareas escolares. Puede que algunas no quieran que sus hijos canjeen privilegios más de una vez a la semana. Eso es perfectamente legítimo, siempre y cuando tengan hijos con la paciencia y la previsión suficientes para razonar con tanta antelación.

Bien, buen siervo y fiel.

Mateo 25:23

EL RETO

MADRE MEDIOCRE	MADRE EXCELENTE EN CRISTO
Prefiere quejarse a mejorar.	Busca soluciones viables.
Se siente abrumada y se queda así.	Entrega el agobio al Señor.
Dice "esto no va a funcionar".	Cree que con Dios todo es posible.

PASOS A SEGUIR

- Memoriza y medita en Mateo 25:29: "Porque al que tiene, le será dado, y tendrá más; y al que no tiene, aun lo que tiene le será quitado".
- Considera qué "talentos" te ha dado el Señor y si los estás administrando bien para su gloria.
- Elige un método práctico para fomentar la paz de tu hogar. Considera la posibilidad de poner en práctica el SRM o algo similar como forma de animar y recordar a tus hijos a tomar decisiones sabias.

PREGUNTAS PARA LA REFLEXIÓN PERSONAL

¿He tomado medidas para crear una atmósfera pacífica en nuestro hogar o me dejo llevar por el instinto?

¿Permito que la comparación con los métodos de las demás madres paralice mis intentos de establecer un sistema útil en mi hogar?

¿Cuáles son mis puntos fuertes y débiles en este ámbito? ¿Cómo puedo mejorar?

ORACIÓN

Señor, en la parábola de los talentos, nos enseñas a tomar los recursos que se nos han dado y multiplicarlos para tu reino. Que estemos dispuestas a hacer el esfuerzo de averiguar qué es lo que mejor funciona para llevar la paz y el orden a nuestras familias, de modo que podamos glorificarte.

12

CAMPAMENTO DE ENTRENAMIENTO PARA PADRES

Corrijamos los malos hábitos poco a poco

La frase "esto también pasará" solía desconcertarme. De niña, no tenía ningún significado para mi cerebro. De adolescente, me sonaba mística y profundamente sabia, aunque enigmática. Y de adulta sin hijos, me parecía verdadera, pero lejana.

No obstante, ahora que soy madre de diez hijos es un salvavidas, una verdadera fuente de empatía y esperanza en tres palabras.

Nada es para siempre

¿Por qué? Porque una vez que te conviertes en madre, hay etapas que parecen infinitamente difíciles hasta que al final las superas. Sin duda alguna, tuve un momento cuando deseé que desaparecieran los problemas que tenía nuestro primer hijo para aprender a ir al baño. Y no veía la hora de superar el dolor debilitante de la lactancia causado por la succión incorrecta de Titus y Toby. Puesto que se trata de mi primer hijo y el noveno y décimo, respectivamente, podría pensarse que nunca aprendí la lección de "vivir el momento" y disfrutar de cada experiencia preciosa.

Sin embargo, la verdad es que es completamente normal que no te guste una etapa en la que estás cuando es muy difícil. No creo que "regocijarse siempre" (ver Filipenses 4:4) sea lo mismo que "disfrutar siempre". No encuentro ninguna prueba de que

No creo que "regocijarse siempre" sea lo mismo que "disfrutar siempre".

Jesús pensara que llevar su cruz literal fuera divertido, ni de que se espere que nosotras pensemos que llevar nuestra cruz, en un sentido figurado, lo sea. Podemos alegrarnos de que la fortaleza de Dios se perfeccione en nuestra debilidad cuando nuestro hijo de ocho meses experimenta una fuerte regresión del sueño. Eso no significa que saltemos de emoción por la falta de sueño en sí. De hecho, me preocuparía por ti si lo hicieras.

A estas alturas, cuando las mamás jóvenes me preguntan cómo superé la etapa de las rabietas de los niños pequeños, les señalo dos cosas: (1) todavía tengo varios hijos que están en esa etapa, y (2) mi perspectiva al respecto es muy diferente de la que tenía la primera vez, porque ahora sé que no van a seguir pataleando por pequeñeces para siempre.

Saber que ninguna etapa dura para siempre es un bálsamo para las madres que se hunden bajo el peso de los pañales mojados, las actitudes insolentes y la interminable compra de refrigerios, pero también es un recordatorio aleccionador del poco tiempo que tenemos para enseñar a nuestros hijos y deleitarnos en descubrir cómo los ha diseñado Dios.

Por supuesto, este conocimiento es un arma de doble filo. Saber que ninguna etapa dura para siempre es un bálsamo para las madres que se hunden bajo el peso de los pañales mojados, las actitudes insolentes y la interminable compra de refrigerios, pero también es un recordatorio aleccionador del poco tiempo que tenemos para enseñar a nuestros hijos y deleitarnos en descubrir cómo los ha diseñado Dios. A menudo lucho contra el impulso de pensar: "¡Muy bien! Ya he terminado con esta etapa. Vamos a la siguiente". Sin embargo, después recuerdo con una punzada agridulce que el balbuceo de mi pequeño bebé no durará para siempre. Los deliciosos rollitos de las piernitas de mis bebés disminuirán a medida que se vuelvan más activos. Y mis gemelas no necesitarán que les recoja el cabello en trenzas durante mucho más tiempo. Mientras escribo esto, tengo dos adolescentes, jóvenes de rápido crecimiento a los que solo les faltan unos pocos años para volar del nido.

No quiero que mi única opción sea "desear que pase" ninguna de las etapas, ni siquiera las difíciles, porque no quiero perderme nada de lo que el Señor tiene que enseñarme o enseñar a mis hijos. Por otro lado, tampoco quiero sentirme víctima de mis circunstancias, porque a veces nos enfrentamos a comportamientos que se parecen más a un mal hábito desagradable que a un contratiempo normal del desarrollo. Y aunque, sí, el Señor utiliza nuestros defectos como madres y las elecciones pecaminosas de nuestros hijos para moldearnos, también nos ha dado la capacidad y la responsabilidad de enfrentar situaciones difíciles con valentía y determinación.

Sencillo, no fácil

Con demasiada frecuencia recibo mensajes que dicen algo así como "Mi hija no quiere comer lo que cocino. ¿Qué se puede hacer?". O "Mi hijo no hace lo que le pido, sin importarle las consecuencias".

En estas situaciones, encogerse de hombros y forzar una sonrisa por "la etapa en la que se encuentran" no es suficiente. Aunque es propio de la naturaleza humana poner a prueba nuestros límites, no hay garantía de que una etapa de rebeldía no engendre más rebeldía si no se trata con ella. Para las madres que me escriben, el problema no suele ser la falta de deseo de un cambio, sino la sensación de no saber por dónde empezar. Me siento identificada. He pasado por lo mismo. Puede que hayamos dejado que los mocosos se comporten mal durante tanto tiempo, que sentimos que no hay esperanza de que vuelvan a ser respetuosos. Tal vez les hemos permitido meterse en nuestra cama durante cien noches seguidas, y nos hemos resignado al hecho de que los codazos de tres años en nuestras costillas son *de rigor* ahora.

Quizá también sepamos que, aunque cada etapa es diferente, es muy posible que nos enfrentemos a una segunda fase muy parecida a la primera con un niño mayor y más grande si no empezamos por alguna parte. Y aún no sabemos dónde está esa parte.

Si algo de esto te resulta familiar, puede que haya llegado el momento de algo que me gusta llamar "campamento de entrenamiento para padres". Antes de darle un nombre oficial, esta sencilla práctica de dividir las tareas difíciles de la crianza de los hijos en objetivos pequeños y manejables me ha servido durante más de una década. El campamento de entrenamiento para padres es mi método para todo, desde la regresión después de haberles enseñado a ir al baño hasta las actitudes malhumoradas y la limpieza de nuestro auto.

Si el término "campamento de entrenamiento" te evoca imágenes de niños pequeños haciendo saltos de rana y carreras de neumáticos, no temas. Los campamentos de entrenamiento para padres no suelen requerir mucho esfuerzo físico, pero sí mucha perseverancia mental. Si, por el contrario, te estás imaginando un breve periodo de tiempo centrado en un área concreta del entrenamiento, entonces vas por buen camino.

Cada vez que nos encontramos ante un dilema que nos parece abrumador en la crianza de nuestros hijos, Shaun y yo tenemos una conversación sobre lo que debemos hacer. En primer lugar, reconocemos que hemos sido negligentes en un área concreta. O tal vez ha surgido de la nada y queremos abordarlo antes que las cosas se pongan realmente difíciles. Cualquiera que sea el caso, nuestro enfoque es el mismo: nos sentamos y, en oración, esbozamos varias medidas sencillas que tomaremos repetidamente para abordar el problema durante una semana.

Eso es todo. Una semana de esfuerzo concentrado en un área. Suena muy sencillo —y lo es—, pero dependiendo de lo arraigado que esté el comportamiento con el que nos enfrentamos, no es fácil. Tampoco se trata de una píldora mágica que sirve para todos los casos. (Un ejemplo: trabajamos durante meses con uno de nuestros hijos en su hábito de chuparse el dedo antes de encontrar una solución). Sin embargo, es una herramienta muy útil para la crianza de nuestros hijos, que a menudo hace que una tarea que te daba pavor te parezca factible, si no absolutamente fácil.

Una semana para más paz

Quizá tu hijo de dos años necesite aprender a decir "por favor" y "gracias".

Tal vez tu hijo de cuatro años ha pasado de dormir toda la noche a despertarse e intentar meterse en la cama contigo todas las noches.

Tal vez tu hijo de once años necesite que le recuerdes constantemente que haga las cosas con alegría.

Tal vez tu hija de catorce años ha desarrollado el mal hábito de apretarse los granitos del acné.

Todos estos problemas, aunque no se desean, no suponen ningún problema. Y para ello son ideales los "campamentos de entrenamiento para padres": para ayudar a corregir los malos hábitos en un periodo de tiempo manejable y de forma duradera.

A menudo, el mayor obstáculo a la hora de abordar el comportamiento problemático de nuestros hijos no es el comportamiento en sí, al menos no de su parte, sino nuestra falta de seguimiento.

Voy a ilustrar lo que quiero decir con un mensaje que recibí de una madre que quería saber cómo aplicar el campamento de entrenamiento para padres a sus frustraciones a la hora de dormir. Me comentó que conseguir que sus cuatro hijos pequeños se fueran a la cama ya era bastante agotador de por sí; pero, además, cada noche, sin falta, se turnaban para salir de su habitación que queda en el piso de arriba para pedir agua, hacer un comentario sobre el clima o quejarse porque sus hermanos lo golpearon o lo emboscaron en la cama.

Era como el juego de la ruleta.

"Justo cuando por fin he conseguido relajarme al final de un largo día, no paran de pedirme cualquier cosa para seguir despiertos, y eso amenaza mi cordura", comenta.

He recibido muchísimos mensajes similares y he vivido exactamente la misma situación en mi propia casa, así que le pregunté cómo respondía.

"Les grito desde abajo que se vayan a la cama porque estoy demasiado cansada para levantarme y ocuparme de eso, pero mi respuesta suele empeorar las cosas".

Claro, entiendo. Creo que todas hemos pasado por algo muy parecido como madres, pero lo cierto es que nuestros hijos no tardan en darse cuenta de cuándo estamos "demasiado cansadas para levantarnos y ocuparnos de esas cosas", y lo utilizan a su favor siempre que pueden.

Le pregunté si estaba dispuesta a intentar algo diferente durante una semana, y me aseguró que sí. Estos son los pasos que le sugerí:

1. Prepara a tus hijos para la hora de acostarse y hazles saber exactamente lo que esperas de ellos y lo que ocurrirá si no obedecen.
2. Recuérdales que una vez que se vayan a sus habitaciones, no se les permitirá salir por algo que hayan olvidado, así que será mejor que se fijen si necesitan algo más ahora. (A veces, el problema es algo tan simple como que los niños se distraen fácilmente y tienen buenas intenciones, pero se enfrascan tanto en sus peleas de espadas con cepillos de dientes que olvidan el último trago de agua del día, ese trago que todos los niños del mundo consideran necesario para sobrevivir; en este caso, es nuestra labor como madres refrescarles la memoria).
3. Colócate frente a su puerta y detén con calma a cualquier niño que intente escapar.
4. Disciplínalo si muestra una actitud rebelde.

Le di este consejo sobre la base de que habíamos aplicado exactamente los mismos pasos en situaciones muy similares en nuestra propia casa. No tenía ni idea de si los seguiría, pero menos de una semana después, recibí otro mensaje que decía: "¡Está funcionando! Las dos primeras noches tuve que quedarme en la puerta durante treinta minutos y mandarlos de nuevo a la cama varias veces. Pero, después, solo tuve que darles un beso de buenas noches, decirles que estaría fuera y quedarme en los alrededores unos minutos para asegurarme de que no intentaran escapar. No he tenido que hacer nada en las dos últimas noches, y es increíble lo tranquila que es ahora nuestra rutina nocturna".

Continúa diciendo que ni siquiera fue tan difícil, pero que llevaba meses evitando quedarse en la puerta porque decía dentro de sí que estaba demasiado agotada para subir las escaleras. Sin embargo, una vez que lo hizo, se dio cuenta de que el estrés de anticipar la batalla nocturna a la hora de acostarse estaba afectando sus nervios y deseó haber abordado el problema de frente meses antes.

El campamento de entrenamiento para padres consiste tanto en entrenarnos a realizar el trabajo duro de ser buenas madres en situaciones difíciles, como en moldear los hábitos de nuestros hijos.

Al igual que con el entrenamiento de nuestros hijos en estructuras a largo plazo, el campamento de entrenamiento para padres consiste tanto en entrenarnos a realizar el trabajo duro de ser buenas madres en situaciones difíciles, como en moldear los hábitos de nuestros hijos. Cuando nos ceñimos los lomos espirituales con el fruto del Espíritu (sobre todo paciencia, bondad y templanza) y nos metemos de lleno en la lucha por corregir los malos hábitos en lugar de quedarnos sin hacer nada y desesperadas, nos daremos cuenta de que no solo hemos mejorado el comportamiento de nuestros hijos, sino también nuestro propio carácter. Porque si somos sinceras, con demasiada frecuencia la excusa "estoy demasiado cansada" enmascara nuestra propia falta de disciplina o dedicación (pregúntame cómo lo sé). La buena noticia es que los beneficios del campamento de entrenamiento para padres están disponibles para todos los implicados y tiene un maravilloso efecto indirecto en el nivel general de paz en nuestro hogar.

Usemos el discernimiento que Dios nos dio

Una cosa que he notado es que muchas mamás quieren un enfoque prescriptivo para tratar con el comportamiento frustrante de sus hijos. "De acuerdo —dirán—, eso funcionó con un grupo de niños que no paraban de levantarse de la cama, pero ¿qué pasa con un niño de veintitrés meses que no para de lloriquear?". (Pensarán que estoy bromeando sobre la exactitud de la edad; para nada). "¿Qué pasa con una niña malhumorada de doce años y medio?". (De nuevo, la edad y el sexo son exactos en este caso).

Comprendo lo increíblemente cómodo que sería abrir nuestra bolsa mágica y que apareciera nuestra Mary Poppins personal y nos recitara la fórmula perfecta para dominar las rabietas, con un nítido acento británico y una melodía pegadiza. Sin embargo, las Escrituras, en especial el libro de Proverbios, dejan claro que la crianza de

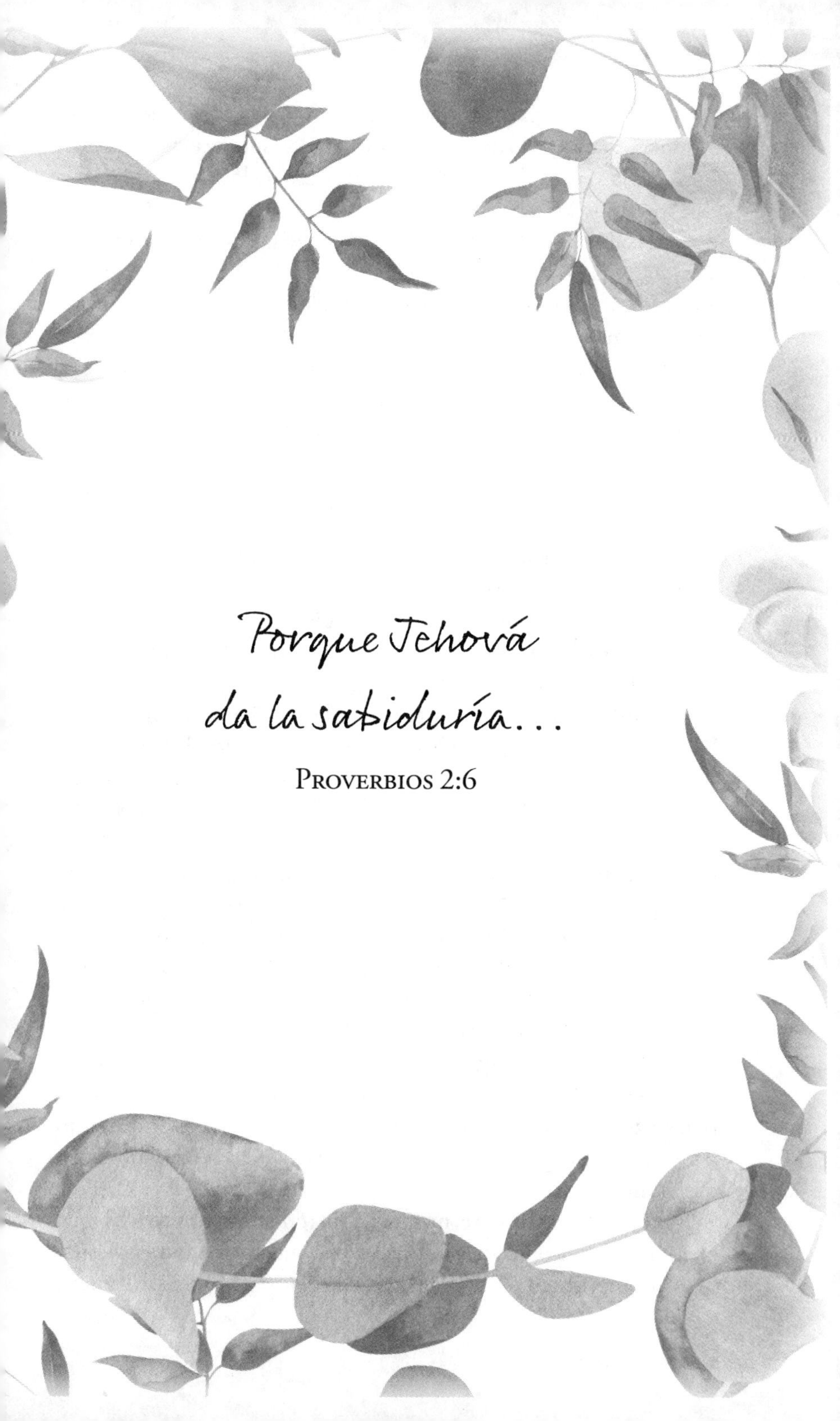

Porque Jehová da la sabiduría...

Proverbios 2:6

los hijos tiene mucho más que ver con principios piadosos que con fórmulas exactas. Y lo que es más importante, subraya lo crucial que es buscar la verdad de Dios por encima de la de los hombres.

Proverbios 2:6 señala: "Porque Jehová da la sabiduría, y de su boca viene el conocimiento y la inteligencia". Sí, es útil acercarse a mujeres que están más avanzadas en su camino como madres, pero, aun así, no hay garantía de que se hayan encontrado con nuestra misma crisis en la crianza de sus hijos o incluso que tengan un buen consejo sobre sus particularidades. No quiero que nada de lo que sugiera sustituya la necesidad de una madre de buscar la dirección de Dios en todos los ámbitos de su vida, incluido el bebé de treinta y tres meses que chilla mientras duerme.

Debemos desarrollar el hábito de suplicar al Señor que nos muestre qué áreas merecen que las tratemos de forma concentrada y cuáles son más bien una situación para abordar de manera "lenta y constante". Él nunca deja de darnos sabiduría cuando se la pedimos, ya sea sobre cómo debemos proceder o a quién debemos pedir ayuda.

Un par de limitaciones más sobre el enfoque del campamento de entrenamiento para padres:

1. Ninguna de nosotras tiene más de veinticuatro horas al día. Por lo tanto, por muy tentador que resulte intentar lidiar con varios problemas a la vez, debemos resistirnos, por el bien de nuestra cordura y el equilibrio de nuestro hogar. Si nos pasamos el día insistiendo en un problema tras otro, nuestros hijos empezarán a sentirse como un proyecto de reparación en lugar de una fuente de alegría. Si te sientes capaz de hacer siete cosas diferentes a la vez, bienvenida al club. Respira hondo. Seguirán ahí cuando acabes de enseñar a tus hijos a cerrar la puerta del patio trasero. O se habrán solucionado solos mientras estabas concentrada en otra cosa, en cuyo caso nunca merecieron tu atención extra.

2. Hay problemas que tardarán mucho más de una semana en solucionarse. Mis gemelas no superaron ciertos problemas sensoriales hasta los dieciocho meses. Y pasamos dos años enseñando a uno de nuestros hijos a lidiar con su tendencia a convertirse en un "monstruo de la ira".

Eso es perfectamente normal. No todos los obstáculos que encontremos en la crianza de nuestros hijos serán tan fáciles de sortear como el anterior. Algunos pueden ser un mero tropiezo en el camino hacia la paz de nuestro hogar. Otros pueden parecer pozos tan profundos que nos parecerá que nunca podremos salir de ellos; pero Dios, en su misericordia, es fiel para guiarnos a través de cada etapa que se nos presente, mientras le pedimos sabiduría y fuerza para sobrevivir incluso a las semanas más duras del campamento de entrenamiento para padres.

Pautas para el campamento de entrenamiento para padres

1. Explica lo que esperas de tus hijos esa semana.
2. Habla constantemente del objetivo de la semana. Haz muchos recordatorios y ofrece palabras de ánimo. Mantén ese tema como prioridad en tus amonestaciones.
3. Proporciona apoyo práctico (vigilando la puerta de la habitación, estando preparada con una golosina para conseguir que tus hijos hagan sus necesidades en el orinal, supervisando cada detalle de la limpieza de un juguete, y cosas por el estilo).
4. Disciplina o recompensa inmediatamente. Una respuesta rápida es *clave*.

EL RETO

MADRE MEDIOCRE	MADRE EXCELENTE EN CRISTO
Evita los problemas crónicos de comportamiento.	Enfrenta los malos hábitos con intencionalidad.
Piensa que "difícil" es una buena razón para rendirse.	Sabe que "difícil" no es lo mismo que "malo".
Se centra en la autocompasión.	Se centra en lo que es mejor para toda la familia.

PASOS A SEGUIR

- Memoriza y medita en Proverbios 29:17: "Corrige a tu hijo, y te dará descanso, y dará alegría a tu alma".
- Dedica tiempo a evaluar las situaciones difíciles de los niños para determinar si son meras etapas o malos hábitos en toda su expresión.
- Establece estrategias específicas del "campamento de entrenamiento" para la crianza de tus hijos en las áreas que califiquen como malos hábitos.

PREGUNTAS PARA LA REFLEXIÓN PERSONAL

¿Qué me impide enfrentar las áreas problemáticas (miedo, pereza, agobio, distracción...)?

¿Qué estoy dispuesta a sacrificar para ayudar a mis hijos a superar la lucha contra los malos hábitos?

¿Qué les transmite a mis hijos el esfuerzo de mi trabajo duro como madre?

ORACIÓN

Señor, nada se compara con lo "duro" de la cruz. Te rogamos que nos ayudes a ser conscientes de las áreas que requieren atención y que nos des perseverancia para que "no nos cansemos, pues, de hacer bien" (Gálatas 6:9).

13

FOMENTEMOS LA PAZ EN NUESTRO HOGAR

Las peleas constantes no tienen por qué ser la norma

Mi hermano y yo peleábamos mucho. No solo de palabra, sino "con uñas y dientes" como nos gusta decir a los sureños. Recuerdo perfectamente que mi madre había ido al supermercado cuando teníamos edad suficiente para quedarnos solos (aunque lo que estoy a punto de contar haría que cualquiera se cuestionara si realmente era así), y, como siempre, nos empezamos a pelear por… quién sabe qué. Podía ser cualquier cosa. Le gustaba llamarme "boba", lo que me enfurecía. A veces bastaba con eso. Mi hermano era molesto por naturaleza, y yo, peleona por naturaleza. Así que éramos una pareja hecha en el paraíso de las peleas.

Excepto que, como mencioné, no solo discutíamos, él me inmovilizaba y me hacía cosquillas. A la fuerza. Yo me retorcía, lo arañaba y le pegaba manotazos. A partir de ahí empeoraba. Podía clavarle un lápiz en la pierna después que me amenazara con unas tijeras infinidad de veces. (En mi defensa, se lo advertí. Bueno, no hay defensa para eso).

Era un desastre, pero, en cierto modo, así es como nos relacionábamos a esa edad. Y en otros aspectos, no éramos así, porque, en realidad, éramos bastante obedientes y solíamos llevarnos bien.

Con el tiempo —alabado sea Jesús— superamos nuestra época de lucha libre sin llegar a mutilarnos mutuamente. Cuando yo tenía diez años y él catorce, éramos los mejores amigos. Tengo muchos recuerdos felices de cuando íbamos juntos a todas las actividades de mi hermano mayor, poníamos la radio a todo volumen y cantábamos canciones de rock punk de los noventa, que en realidad no debíamos escuchar (lo siento, mamá, supongo que no éramos *tan* obedientes), tocábamos juntos en nuestra banda cristiana de rock punk (sí, has leído bien), jugábamos interminables partidos de balón prisionero y de baloncesto con nuestro grupo de jóvenes, e incluso compartíamos el auto para ir juntos al colegio universitario. Podía oír su voz que me llamaba "boba" desde el otro lado de una habitación llena de gente y sonreír en lugar de ponerme colorada.

Desacuerdos en lugar de peleas

Puede que parte de nuestra historia te suene familiar, ya que las rivalidades y tensiones entre hermanos impregnan gran parte de la narrativa de cualquier familia. Hasta cierto punto, son una parte inevitable del crecimiento a medida que nuestros hijos se adentran en las aguas de la resolución de conflictos entre adultos y las diferencias de personalidad. Sin embargo, hay una diferencia entre los niveles normales de desacuerdos y las peleas constantes.

Romanos 12:18 (NVI) nos exhorta: "en cuanto dependa de ustedes, vivan en paz con todos". Me encanta esa frase, "en cuanto dependa de *ustedes*". En otras palabras, decir: "Pero él empezó", no es suficiente. Sobre todo, porque el versículo 17 (NVI) señala "No paguen a nadie mal por mal". Aunque él *haya sido* el que empezó, la Biblia deja claro que no debemos terminar lo que otro empezó.

No obstante, "terminar lo que otro empezó" es lo primero que mis hijos quieren hacer en su carne pecaminosa. ¡Y yo también! Ahora, volviendo al capítulo inicial de este libro, el hecho de que nos podamos identificar con algo no significa que no sea una respuesta totalmente mediocre o equivocada. Así que, aunque entiendo el impulso de "buscar pelea", sigue siendo *mi labor* enseñar a mis hijos el arte de vivir en paz con *todos*. (¡Y eso incluye a hermanos y hermanas!).

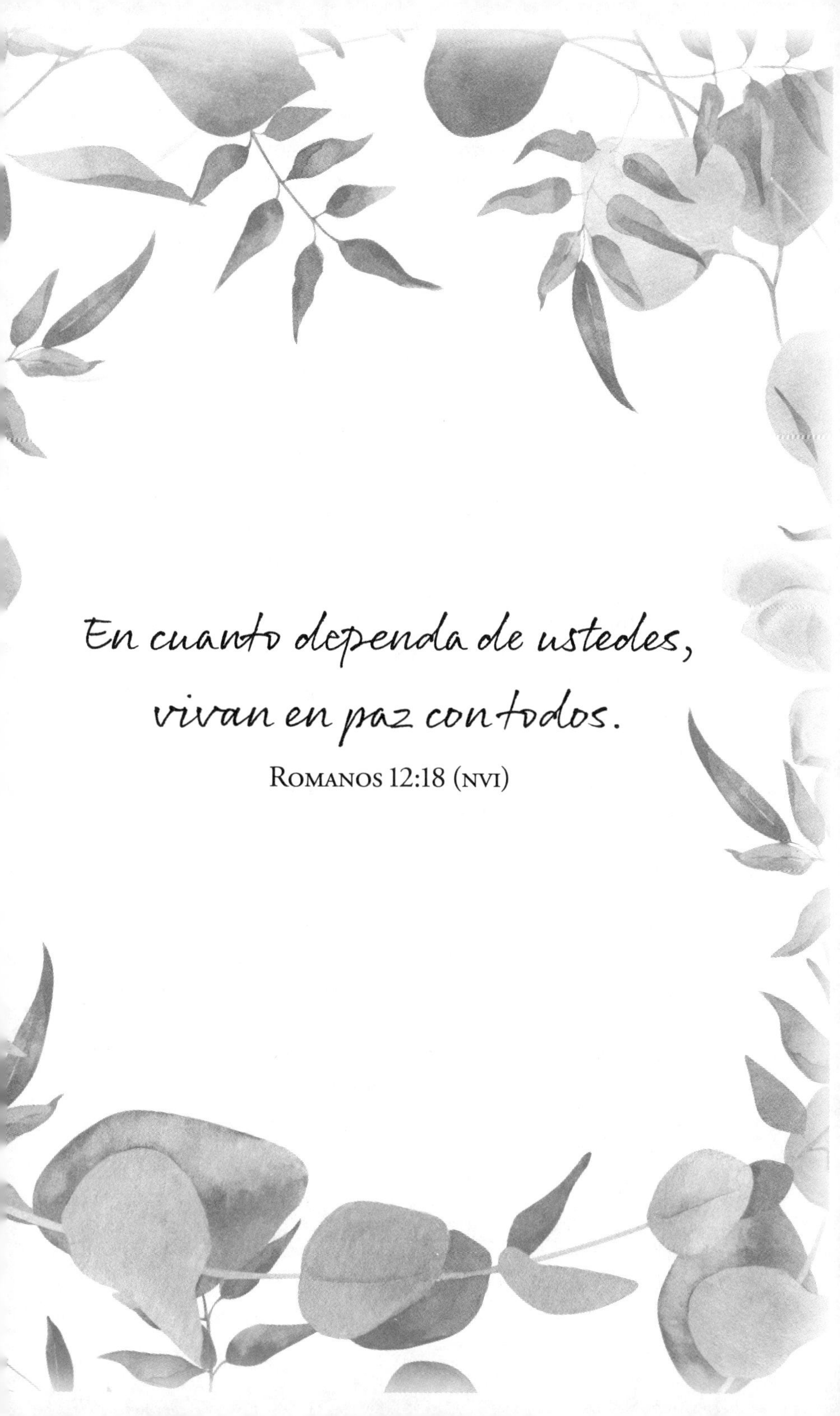

En cuanto dependa de ustedes, vivan en paz con todos.

Romanos 12:18 (nvi)

La diferencia entre la madre mediocre y la madre bíblica es que una acepta —incluso se ríe de— lo inevitable con memes sarcásticos, y la otra crea estrategias para aprender a superar las dificultades de manera pacífica con la fortaleza de Cristo.

La cultura del mundo enseña que los niños se pelean, que no se puede evitar la discordia. Así que más nos vale apretar los dientes y lidiar con eso. Y hay algo de verdad en ello. Si el hecho de que nuestros hijos no siempre se lleven bien es suficiente para desarmarnos, nos espera un camino lleno de sobresaltos. Pero la diferencia entre la madre mediocre y la madre bíblica es que una acepta —incluso se ríe de— lo inevitable con memes sarcásticos, y la otra crea estrategias para aprender a superar las dificultades de manera pacífica con la fortaleza de Cristo.

Esos memes pueden ser divertidísimos y estar llenos de "verdad", y yo me he reído de las imágenes más reales del comportamiento "típico" entre hermanos, pero quedarse en esa respuesta es ignorar el poder transformador de las Escrituras.

Las Escrituras realmente funcionan

Una vez, después de leer parte de lo más destacado de mi Instagram sobre cómo aplacar las peleas entre hermanos, una lectora me pidió "cosas que funcionen de verdad", y añadió: "no me des solo versículos de la Biblia, porque eso no es realista." Entendí lo que quería decir. Quería medidas prácticas. "Cuando Hudson insulta a Sara y ella le responde con una bofetada, yo ____________________".

Sin embargo, en nuestra familia, casi todas las medidas prácticas que tomamos cuando hay conflictos están impregnadas de la verdad bíblica que nos enseña la causa de nuestro pecado y qué hacer al respecto.

Santiago 4:1-3 señala:

> ¿De dónde vienen las guerras y los pleitos entre vosotros? ¿No es de vuestras pasiones, las cuales combaten en

> vuestros miembros? Codiciáis, y no tenéis; matáis y ardéis de envidia, y no podéis alcanzar; combatís y lucháis, pero no tenéis lo que deseáis, porque no pedís. Pedís, y no recibís, porque pedís mal, para gastar en vuestros deleites.

¿Has captado tanto la causa subyacente como las medidas prácticas en estos tres versículos?

¿Por qué peleamos? Porque somos egoístas y queremos lo que otros tienen. Cuando no podemos tener lo mismo, atacamos y exigimos algo para nosotros.

Una de las cosas que trabajamos desde temprana edad con nuestros hijos es el concepto del contentamiento y la gratitud por lo que ya tenemos. Antes de entrar en una tienda, les avisamos con antelación para qué vamos y que, aunque nos sintamos tentados de querer casi todo lo que nos llama la atención, no vamos a ceder a hacer compras impulsivas. Esto funciona muy bien con nuestros hijos mayores, que lo han oído durante años, pero es un acto de perseverancia con los más pequeños que tienen un caso severo del síndrome de "quiero eso". En serio. Mi hijo de cinco años lloró una vez porque no quería comprarle un rodillo quita pelusas. Cuando le pregunté si sabía lo que era, sollozó: "¡No, pero lo quiero!".

Podría parecer más fácil ceder y comprar el caramelo, la muñeca, cualquier personaje de acción o (ejem) el rodillo quita pelusas, pero la verdad es que nuestro constante consentimiento enseña a nuestros hijos a querer algo diferente —y más de lo mismo— cada vez que entramos a una tienda. Puede que evitemos una catástrofe en la caja, pero también estamos alimentando al "monstruo del más" que vive dentro de todos nosotros y, de paso, estamos preparando el camino para futuras confrontaciones. Por otro lado, cuando recordamos a nuestros hijos todas las cosas buenas que ya tenemos en casa y los animamos a dar gracias a Dios por permitirles jugar con el personaje de acción que les espera en la bañera, estamos inculcando hábitos de autocontrol y gratitud que, si se cultivan cuidadosamente, darán el fruto de la generosidad.

Por supuesto, no es solo nuestra codicia lo que nos mete en problemas. ¿Te has encontrado alguna vez con un niño que claramente quiere algo, pero se niega a pedirlo? Recuerdo a una madre del grupo de gimnasia que organizo, que les dijo a mis hijos Ezra y Simon que *no* le dieran a su hijo una galletita —que él claramente quería, pero era demasiado tímido para pedirla— hasta que se animó y la pidió. ¡Qué extraña paradoja! "No tenéis lo que deseáis, porque no pedís". Queremos algo y, en algunos casos, eso no es malo, pero acabamos haciendo un berrinche o buscando pelea por el solo hecho de que nos negamos a expresar de forma educada nuestro deseo.

Espera, Abbie. En realidad, no dice nada sobre ser educado.

¿En serio?

"Pedís, y no recibís, porque pedís mal".

¿Cuántas veces hemos sido testigos de una pelea de "di 'por favor'"? Ya sabes de qué hablo. Un niño quiere un vaso de leche y el otro vigila celosamente la puerta del refrigerador porque su hermano no quiere "decir 'por favor'". Es casi cómico, pero no lo es, porque las emociones acaloradas son muy reales. Podrían evitarse muchos roces en nuestro hogar si todos nos expresáramos con la misma amabilidad y cordialidad con la que nos gustaría que se dirigieran a nosotros. Y, sin embargo, superar ese orgullo para humillarnos ante nuestros semejantes —sean hermanos, compañeros de trabajo, amigos o cónyuge— y limitarnos a pedir las cosas amablemente, en lugar de tomarlas a la fuerza, puede requerir un esfuerzo monumental.

Y, finalmente, pedimos y no recibimos porque "cuando piden, no reciben porque piden con malas intenciones, para satisfacer sus propias pasiones" (Santiago 4:3, NVI). Cuando se trata de mis hijos más pequeños, a menudo esto se manifiesta en una épica pelea de Lego, que comienza con la demanda de un niño de que le den la cabeza de uno de los personajes de *Star Wars* para colocar encima de una de sus piezas, no porque tenga algún sentido, sino porque le da el control sobre la cabeza de Lego más codiciada de todo el contenedor. Sus pasiones egoístas lo llevan a crear conflictos incluso cuando la petición no tiene ninguna lógica.

¡Espera! ¿Eso no es conjeturar mucho sobre un pequeño fragmento de las Escrituras? Pues eso es lo que me gusta de la Biblia. No es "solo teórica", sino también profunda y matizada de un sentido práctico. Cada vez que la leo, me doy cuenta de algo que se me pasó por alto las otras cincuenta veces que leí el mismo pasaje.

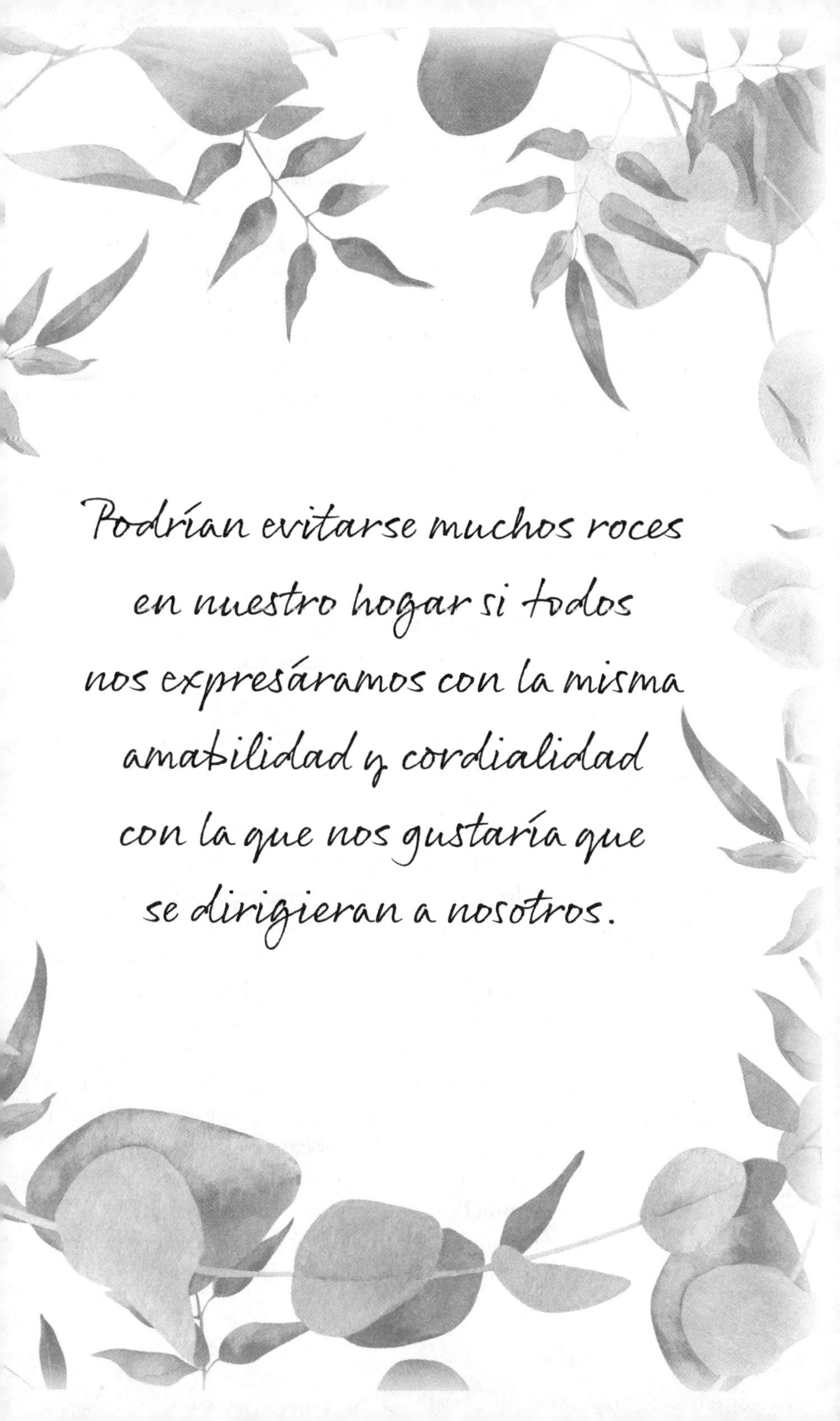

Podrían evitarse muchos roces
en nuestro hogar si todos
nos expresáramos con la misma
amabilidad y cordialidad
con la que nos gustaría que
se dirigieran a nosotros.

Por eso, cuando señalo que nuestros esfuerzos por fomentar la paz del hogar empiezan por las Escrituras, no estoy defendiendo en absoluto una especie de teoría filosófica etérea.

En función de lo que dice Santiago 4, empezamos por practicar el contentamiento y la gratitud por lo que tenemos, lo que nos ayuda a evitar pelearnos con nuestro hermano solo porque él tiene algo que nosotros queremos. Y luego, si aún lo queremos o lo necesitamos, se lo pedimos con palabras que lo honran y edifican, en vez de humillarlo y destruirlo. Y finalmente, cuando recibimos lo que hemos pedido, lo usamos correctamente para glorificar a Dios.

O al menos ese es el objetivo. Y, a menudo, nos quedamos cortos.

No obstante, déjenme decirles esto: Un esfuerzo justo y basado en las Escrituras, aunque lo hagamos de manera imperfecta, siempre producirá más paz que un esfuerzo apático y centrado en nosotras mismas.

No hagamos nada por ambición egoísta o presunción

Por supuesto, no todas las disensiones surgen de un deseo de cosas. A veces es el resultado de simples diferencias de personalidad. Algunos de mis hijos se llevan bien con cada uno de sus hermanos, sin importar las personalidades o la situación. Otros tienden a sacarse, digamos, más chispas. Sin embargo, independientemente de las personalidades, insistimos en que debemos tratarnos con respeto y consideración. Algunos de mis hijos tienen una desdichada tendencia a menospreciar a sus hermanos pequeños, y, en más de una ocasión, he tenido que recordarles que ellos tuvieron su misma edad y muchas de las características que ahora consideran infantiles o fastidiosas. ¿Les habría gustado que los trataran con altanería y desdén a esa edad? ¿O les habría gustado recibir comprensión y paciencia?

Todos sabemos la respuesta, pero eso no significa que no tengamos que seguir predicando esta verdad a nuestros hijos (y a nosotras mismas) hasta la saciedad: "Nada hagáis por contienda o por vanagloria; antes bien con humildad, estimando cada uno a los demás como superiores a él mismo" (Filipenses 2:3).

Puede ser una palabra dura para un niño de doce años cuando se trata de su hermana de siete. O para una madre cuando se trata de su marido, que duerme más que ella porque no está naturalmente dotado para alimentar al bebé. ¿O qué tal una joven esposa cuando se trata de su suegra? Porque no todas las confrontaciones en un hogar se producen en forma de peleas entre hermanos, por supuesto.

Sin embargo, todos debemos (ejem) *enfrentar* más verdades de Filipenses 2 si queremos crecer en semejanza a Cristo y mantener una atmósfera de paz en nuestros hogares, porque el versículo 14 nos exhorta a "[hacer] todo sin murmuraciones y contiendas".

Todo.

Compartir nuestros juguetes. Hacer la tarea de nuestro hermano cuando mamá nos lo pide. Hacer nuestra merienda número catorce millones del día. Limpiar el inodoro. Resolver los problemas de matemáticas. Renunciar a la maldita cabeza de ese personaje de *Star Wars*.

Evitemos las peleas

En una cultura en la que se espera que nos encojamos de hombros ante las peleas habituales entre hermanos (y no solo ante los desacuerdos ocasionales) como uno de los inevitables de la vida junto con la muerte y los impuestos, la Biblia nos llama a adoptar una postura radical para resolver los conflictos. Nuestros hijos no tienen por qué pelearse constantemente, y la Biblia nos da instrucciones claras sobre cómo lograr la paz en nuestro hogar.

Si tu objetivo es un hogar pacífico desde el principio, es imperativo cortar de raíz las peleas antes que se conviertan en una dinámica familiar muy arraigada.

Al igual que con cualquier otro aspecto de su educación, para enseñarles a dejar de ser quisquillosos y buscar pelea todo el tiempo debes dar ejemplo primero y luego imponerlo sistemáticamente cada bendito día. Mi amiga de Instagram Jodi Mockabee tiene una frase que me encanta: "Empieza de la manera que quieres continuar". En otras palabras, si tu objetivo es un hogar pacífico desde el principio, es imperativo cortar de raíz las peleas antes que se conviertan en una dinámica familiar muy arraigada.

Cuando las peleas no son una opción en nuestro hogar, nuestros hijos descubren otras formas de comunicar sus diferencias.

Cuando las peleas no son una opción en nuestro hogar, nuestros hijos descubren otras formas de comunicar sus diferencias. Una vez, una lectora me preguntó cómo esperaba que mis hijos desarrollaran habilidades para la resolución de conflictos si nunca les permitía estar en desacuerdo. Sería una pregunta estupenda si realmente quisiera decir que prohibir las peleas es lo mismo que prohibir los desacuerdos; pero la verdad es que, aunque no espero que mis hijos estén siempre de acuerdo sobre qué película ver o qué postre hacer o a quién le toca fregar los platos, sí *espero* que sean capaces de resolverlo de manera civilizada, sabiendo que, como a *ellos* no les gusta que los agredan verbal o físicamente, no harán lo mismo con sus hermanos.

Se trata de otra aplicación práctica de las Escrituras, porque la regla de oro no es un simple proverbio, sino las palabras del propio Jesucristo que nos exhorta a que "todas las cosas que queráis que los hombres hagan con vosotros, así también haced vosotros con ellos" (Mateo 7:12). ¿Recuerdan ellos siempre esta regla? No, pero cuando la olvidan, hay consecuencias que son apropiadas y oportunas. Para los niños pequeños, esto suele significar pasar tiempo solos en su habitación, ya que los que tratan mal a los demás pierden el privilegio de estar con otros, al menos durante un tiempo.

Para mis hijos mayores, el sistema de recompensas de monedas les ayuda a mantenerse por buen camino. Como ya he mencionado, su táctica preferida para canjear monedas consiste en pagar por "quedarse despiertos" los sábados por la noche. Y puesto que la forma más rápida de ganar una moneda es tener una palabra o acción amable totalmente espontánea, la forma más rápida de *perderla* es buscar pelea. Después de todo, ¿quién quiere trasnochar con un hermano pendenciero?

Lo creas o no, aunque mis hijos no interactúan cordialmente entre ellos todo el tiempo, hacen un buen trabajo en controlarse —y controlar a los demás— cada vez que tienen ganas de pelearse. He reprimido más de una carcajada en el lavadero desde arriba al oír a los niños en el piso de abajo cuando les toca la hora de ordenar las cosas por la mañana o por la tarde decirse en tono serio: "Dejen de pelearse o perderán el privilegio de quedarse despiertos hasta tarde".

Además de las consecuencias rápidas y coherentes, también insistimos en que nos tratemos unos a otros como nos gustaría que nos traten, no solo para nuestro propio beneficio o para ganar privilegios, sino porque es la forma principal de mostrar a los miembros de la familia y a los demás nuestro amor por Cristo.

"En esto conocerán todos que sois mis discípulos, si tuviereis amor los unos con los otros" (Juan 13:35) debería *empezar* por los miembros de nuestra propia familia. Por eso, cuando amonesto a mis hijos para que "sean de bendición" unos a otros, mientras el niño pequeño saca de quicio a todos o el adolescente está de lo más arisco, suelo preguntarles *por qué* amamos a los demás, a lo que suelen responder a regañadientes "porque él nos amó primero" (1 Juan 4:19). No lo hacen a regañadientes porque no crean que sea cierto, sino *porque* es tan cierto que no hay lugar para dar excusas o culpar a otros. No solo eso, sino que las oportunidades para animarse unos a otros son infinitas. ¿Por qué no aprovecharlas?

No me hago ilusiones de que vayamos a erradicar cualquier forma de conflicto en nuestro hogar. No nos libraremos de la necesidad de "tener razón a cualquier precio" hasta que lleguemos a la gloria. Sin embargo, seguir los preceptos de las Escrituras hace posible lograr un ambiente de compañerismo y aliento constantes, y siempre me siento alentada cuando oigo palabras de elogio genuinas y espontáneas que salen de la boca de mis hijos.

Por supuesto, una de las herramientas más importantes que ayuda a fomentar un clima de paz en nuestro hogar implica la decisión de *no* hacer algo. Y también está basado en las Escrituras. Hablaré más de ello en el próximo capítulo, pero digamos que es mucho más fácil "ser bueno" con tus hermanos cuando llenas tu mente y tu corazón con ejemplos de buena disposición en lugar de sarcasmo.

EL RETO

MADRE MEDIOCRE	MADRE EXCELENTE EN CRISTO
Se encoge de hombros ante la "realidad" de que los niños se pelean todo el tiempo.	Cree que, aunque todos los niños pueden pelearse, no tiene por qué ser todo el tiempo.
Recurre a la ironía para enfrentar los conflictos en el hogar.	Reconoce que las Escrituras sobrepasan a toda ironía.
Utiliza el regaño y el soborno para lograr una paz temporal.	Se concentra en abordar el "problema de fondo" en los conflictos.

PASOS A SEGUIR

- Memoriza y medita en Proverbios 17:1: "Mejor es un bocado seco, y en paz, que casa de contiendas llena de provisiones".
- Convoca una reunión familiar para establecer cómo abordarás en adelante las peleas entre hermanos. Sé específica sobre lo que se considera una "pelea" o "falta de amabilidad" en tu hogar.
- Pon en práctica un sistema como el SRM, que ayude a tus hijos a ser conscientes de lo que dicen y hacen cuando los premies o disciplines.

PREGUNTAS PARA LA REFLEXIÓN PERSONAL

¿He caído en el hábito de creer que las peleas constantes son inevitables? Si es así, ¿por qué?

¿Qué factores han contribuido a que la falta de amabilidad aumente en mi hogar?

¿Cómo puedo ejemplificar la verdad de que "amamos porque Él nos amó primero"?

ORACIÓN

Señor, somos demasiado proclives a hacer "lo que bien [nos parece]" (Jueces 21:25) sin tener en cuenta cómo afecta a los demás. Ayúdanos a dar el ejemplo de tratar a otros como queremos que nos traten y a estar verdaderamente en paz con todos los de nuestra familia y fuera de ella.

14
SOMOS LAS GUARDIANAS

Porque los medios de comunicación que consumimos importan

Probablemente, todas recordamos al menos una parte de la canción infantil "Cuidado mis ojitos", que comienza con esta estrofa:

Con cuidado mis ojitos al mirar,
con cuidado mis ojitos al mirar,
porque Dios conmigo está
y Él todo mirará,
con cuidado mis ojitos al mirar

El resto de las estrofas terminan de la misma manera, pero comienzan con estímulos un poco diferentes:

Con cuidado mis oídos al oír…
Con cuidado mi boquita al hablar…
Con cuidado mis manitas al tocar…
Con cuidado mis piecitos al andar…
Con cuidado lo que guarda el corazón…
Con cuidado lo que piensas por ahí…

La melodía es infantil, y la repetición puede hacer que nuestra mente se aleje de la verdad de las palabras, pero es una canción profunda. No solo consigue encapsular la esencia de un gran número de pasajes bíblicos en unos pocos versos cortos y sencillos, sino que, además, en vez de terminar el estribillo con "a todos mirará a la espera de que metan la pata para aplastarlos como insectos", termina con "a todos con *amor* mirará" (en su versión original en inglés). Claro, queda bien para la rima de la estrofa, pero además es la verdad. Dios se preocupa por lo que vemos, oímos, decimos, tocamos, pensamos y hacemos porque nos ama demasiado como para desear algo menos que cosas excelentes para nosotros.

Podemos identificarnos. Queremos lo mejor para nuestros hijos en todos los ámbitos de la vida. Entonces, ¿por qué a veces permitimos que influencias nocivas e incluso francamente destructivas entren en su mente y su corazón?

Establezcamos la norma

En el último capítulo mencioné que hablaría de algunas de las cosas que decidimos *no* hacer y que contribuyen a fomentar un clima de paz y compañerismo en nuestro hogar. Una de las más esenciales es esta: del mismo modo que no invitamos a personas malhabladas, tóxicas, violentas o promiscuas a nuestra casa para que pasen tiempo con nuestros hijos, decidimos no permitir que estas personas entren en nuestro hogar a través de las pantallas de la televisión, los libros o la música que escuchamos.

Yendo un paso más allá, tenemos cuidado con los medios de comunicación que promueven la burla, la discordia o el sarcasmo mordaz. A algunos, nuestras normas les parecerán excesivas, incluso arcaicas. Para otros, el mero hecho de que tengamos un televisor significa que nuestra vara no está lo suficientemente alta. No estoy hablando de una norma universal para todos los hogares, pero *sí digo* que cada hogar cristiano debería tener una norma para todo aquello a lo que, en sentido figurado, abre sus puertas.

Una amiga me dijo una vez que no fue hasta que mencioné nuestros intentos de evitar los programas de humor sarcástico, como forma de promover la armonía familiar, que se dio cuenta de que muchos de los programas que veían sus hijas preadolescentes mostraban en repetidas escenas a hermanos que claramente se consideraban despreciables unos a otros. Cuando pensó en lo mucho que les costaba a sus hijas hablarse con amabilidad, algo le hizo "clic" y retiró esos programas de su programación habitual. Me dijo que, sin la influencia de esos programas, vio una rápida mejora en la cordialidad entre sus hijas.

La mediocridad es estancamiento, pero la excelencia requiere que sigamos creciendo y evolucionando en la semejanza de Cristo, aunque no sea lo que hagan otras madres.

Eso es ser una madre sabia y proactiva. La mediocridad es estancamiento, pero la excelencia requiere que sigamos creciendo y evolucionando en la semejanza de Cristo, aunque no sea lo que hagan otras madres.

Filipenses 4:8 nos da una idea de cuál debe ser nuestro objetivo con los medios de comunicación: "Por lo demás, hermanos, todo lo que es verdadero, todo lo honesto, todo lo justo, todo lo puro, todo lo amable, todo lo que es de buen nombre; si hay virtud alguna, si algo digno de alabanza, en esto pensad".

(¡Qué exigente eres, Pablo!).

Aquí radica una de las mayores divisiones entre la cultura de las madres mediocres y las madres excelentes en Cristo. Lo mejor que puedo señalar es que la norma de oro para los medios de comunicación infantiles en el secularismo moderno incluye la diversidad cultural, el positivismo corporal, el amor propio y la defensa del medioambiente. Ninguno de estos temas es intrínsecamente malo (no, ni siquiera el amor propio, cuando la alternativa es el odio a uno mismo), pero cada uno de ellos mantiene el foco en las cosas creadas (nosotros mismos, la tierra) y no en el Creador. Como tales, la forma en que se expresan a menudo fomenta la obsesión por uno mismo, la ideología de la identidad y, sobre todo, pasar por alto el pecado. Este enfoque coincide con una visión mundana de la moral, que promueve erróneamente la "tolerancia" como la forma más elevada de amor.

Una vez oí a un pastor decir algo que se me quedó grabado en lo más profundo: "La mayor demostración de falta de amor es ver a alguien caminar por un sendero hacia la destrucción y no hacer nada para impedirlo". Es un concepto radical en una cultura que equipara el amor con abstenerse de cualquier juicio (o discernimiento) sobre las acciones de los demás. Pero yo iría un paso más allá y diría que la mayor demostración de falta de amor por nuestros hijos es *presentarles* influencias destructivas y permitirles que sigan en ese camino hacia su lógico final.

Seremos responsables

Somos las guardianas de nuestro hogar. Eso significa que, en definitiva, somos responsables de las voces que permitimos que hablen a la vida de nuestros hijos. Sí, puede que nos vean como una "mala madre" si no les permitimos ver la serie aparentemente inofensiva con la que todos los demás preadolescentes están obsesionados. Sin embargo, si sabemos que la serie está llena de insinuaciones, motivaciones no bíblicas y burlas, no podemos ceder a la presión de la conformidad social. Hacerlo sería reforzar el concepto de que la opinión de nuestros pares importa más que la de nuestro Padre celestial. También nos privaría de la oportunidad de mostrar a nuestros hijos cómo son los medios de comunicación realmente excepcionales.

Como madres, tenemos una oportunidad increíble de presentar a nuestros hijos libros, programas y música que dan vida, edifican e invitan a la reflexión. La madre mediocre se doblega ante la presión de adaptarse a la sociedad o nunca dedica tiempo a encontrar mejores alternativas. De hecho, he oído decir: "No soporto ese programa, pero los mantiene ocupados, así que no me importa". Las madres cristianas somos plenamente conscientes del alivio que un programa infantil de treinta minutos puede significar en nuestras vidas ajetreadas, pero debemos mantenernos firmes en nuestra convicción de que todo lo que permitamos que nuestros hijos vean debe ser algo que edifique su mente y su corazón.

El discernimiento es la clave

Insisto, no voy a dictar especificaciones sobre los medios de comunicación que cumplen con los criterios bíblicos. Soy consciente de que no todos estarían de acuerdo con mis sugerencias. Recuerdo que una vez hablé de lo mucho que nuestra familia disfrutaba del programa de animación británico *Peppa Pig*. Varias madres se sintieron decepcionadas de que permitiera a mis hijos pequeños ver esa serie, ya que la cerdita *Peppa* a veces muestra un comportamiento irrespetuoso, mandón y egocéntrico hacia sus amigos y familiares. Tienen razón. El personaje de la cerdita no es un dechado de consideración o humildad. Pero, para nuestra familia, los elementos edificantes de la serie —la alegre dinámica familiar, la naturaleza infantil de los argumentos, la ternura en el humor y la positividad— pesaban más que los momentos en los que necesitábamos hacer una pausa para debatir sobre por qué la cerdita *Peppa* estaba siendo irrespetuosa al contradecir a Papá Cerdo o al burlarse de sus amigos.

Lamentablemente, esto ya no es cierto. *Peppa Pig* incluye ahora contenidos que contradicen los valores bíblicos, y hemos dejado de ver el programa. Este es un ejemplo perfecto de por qué es tan importante vigilar los programas que ven nuestros hijos. En una cultura cada vez más en contra de Dios, donde incluso los programas infantiles promueven agendas que socavan el claro diseño del Creador para la familia, es nuestra responsabilidad predicar la verdad a nuestros hijos a través de los medios de comunicación que permitimos en nuestros hogares.

Lo mismo ocurre con *Las crónicas de Narnia* o la serie de *El Señor de los anillos* de Tolkien. Me han cuestionado muchas veces el mérito de cualquier libro que incluya elementos de magia, dadas las advertencias de las Escrituras contra la amistad con lo oculto (véase Levítico 19:31, Isaías 8:19, Miqueas 5:12 y otros). Sin embargo, cuando me fijo en el propósito de las referencias a elementos fantásticos en estos libros, queda claro que su propósito es dirigir a los lectores *hacia* Cristo, no exaltar la magia por sí misma. Por eso, estas dos series son muy apreciadas en nuestra familia.

Orar por discernimiento y oportunidades de enseñar a nuestros hijos son dos de las cosas que nos ayudan a decidir como familia qué medios de comunicación consumiremos y cuáles no. No exijo que los personajes de nuestros libros *nunca* digan una palabra desagradable. Ni siquiera les exijo que nunca digan palabrotas. Uno de nuestros libros favoritos para escuchar en el auto, a pesar de ser un maravilloso ejemplo de historias que forjan el carácter en muchos sentidos, incluye aluviones de insultos "suaves" cuando hablan ciertos personajes. Shaun y yo lo vemos como una oportunidad para detenernos a debatir sobre la motivación que hay detrás de ese lenguaje y por qué decidimos prescindir de él. Hay una marcada diferencia entre un personaje con malas intenciones que reconoce el error de sus actos (o incluso un personaje con buenas intenciones, pero un lenguaje soez), y un tono predominante de burla e insulto, en especial cuando se hace pasar por esperado o incluso aceptable.

La relación entre el consumo y el carácter

En una ocasión, una conocida me describió los problemas que tenía con la actitud contenciosa y despectiva de su hijo. Casi al mismo tiempo, mencionó que su hijo estaba leyendo la serie de libros del *Diario de Greg,* y que a ella no le entusiasmaba cierta terminología y algunas conductas en esos libros. Sin embargo, su conclusión fue que "al menos está leyendo", sin que pareciera establecer una relación entre el tipo de libro que estaba consumiendo y el tipo de comportamiento que estaba manifestando.

A veces adoptamos la mentalidad de que la lectura en sí es saludable, cuando lo verdaderamente importante es lo que leemos.

A veces adoptamos la mentalidad de que la lectura en sí es saludable, cuando lo verdaderamente importante es *lo* que leemos. Cuando era adolescente, consumía una gran cantidad de libros de ficción romántica cristiana, muchos de los cuales, podría decirse, eran fuertes en sentimentalismo y débiles en sustancia teológica. También leí bastante de Jane Austen, Dostoievski y Dumas (estudié Filología Inglesa). Desearía poder viajar en el tiempo hasta mi yo más joven y leer más libros que obligan a los lectores a lidiar de manera significativa con lo correcto y lo incorrecto, el bien y el mal.

Este no es el caso de muchas de las llamadas novelas juveniles, que a menudo contienen más sexo gratuito, violencia, autolesión y obscenidades, que muchos libros "para adultos". Debido a su enfoque posmoderno de la moralidad, rara vez presentan un ejemplo genuino del bien o del mal, sino que están caracterizadas por individuos angustiados que intentan descubrir "su verdad".

Me encanta lo que Sarah MacKenzie, autora de *The Read-Aloud Family*, dijo en su pódcast sobre este tipo de ficción:

> Todos los buenos libros hacen que el lector vea su mundo desde una nueva perspectiva... los autores tienen el deber de decir la verdad a los jóvenes lectores. La verdad es *esperanza.* Me preocupa mucho que los libros dejen a los lectores deprimidos o desolados, y me preocupa doblemente cuando ese lector es un adolescente. No hay peor momento en la vida para que un lector se sienta desesperanzado, angustiado o deprimido. Un libro que deja a un lector con la sensación de "¿esto es todo lo que hay?" no es un buen libro.[4]

Evidentemente, el *tipo* de conocimiento que consumimos importa más que el hecho de tener un consumo constante del mismo. Esta es otra diferencia entre la perspectiva bíblica y la secular, que afirma simplemente que "el conocimiento es poder". Tal vez sea así. Sin embargo, a veces su poder es el dominio que ejerce sobre nosotros. Lo vemos en el huerto del Edén, cuando Eva cayó por la seducción de adquirir un conocimiento que la haría ser "igual a Dios". Y en el Nuevo Testamento, Jesús nos recuerda: "Porque donde esté vuestro tesoro, allí estará también vuestro corazón" (Mateo 6:21). Los medios de comunicación que reciben nuestro dinero, nuestro tiempo y nuestra atención influirán en nosotros más de lo que podamos imaginar en el momento.

Los medios de comunicación que reciben nuestro dinero, nuestro tiempo y nuestra atención influirán en nosotros más de lo que podamos imaginar en el momento.

No solo eso, sino que cuando empezamos a amar lo que no conviene, es fácil hacerlo pasar inicialmente por un pequeño vicio con poco poder sobre nosotros.

Cuando amamos lo que no conviene

Me trae a la memoria la historia alegórica de la princesa Amanda en la trilogía de *Kingdom Tales* (Cuentos del reino). Conocida por su alegría contagiosa, su bello canto y su perfecta puntería con el hacha, la princesa es amada por todo su pueblo. Un día descubre un huevo de dragón. Sabe que tiene prohibido conservarlo, pero aun así lo guarda en un lugar secreto. Y cuando el dragón sale del cascarón, lo sigue albergando, alimentando y protegiendo, incluso a medida que la criatura se hace más fuerte y agresiva y ella se encariña más, se aleja más de sus amigos y se resiente más de las normas que prohíben tener al dragón. Un día, cuando descubre hierba chamuscada en el campo, se da cuenta de que su mascota clandestina ya no se contenta con permanecer escondida y ha crecido tanto en tamaño como en astucia. Cuando la bestia sale al claro, Amanda se da cuenta, consternada, de que "había crecido aún más, y ella no se había dado cuenta de cuánto". (¿Quién más está viendo un paralelismo con sus propios vicios?).

Finalmente, la princesa Amanda se ve obligada a matar al animal o morir a manos de él. Le quita la vida a la criatura, pero no sin un gran trauma físico y emocional.

La alegoría concluye con estas palabras: "Así, la princesa descubrió que cuando uno ama lo prohibido, pierde lo que más ama. La verdad es una batalla duramente ganada por aquel que la encuentra y siempre se gana mediante la pérdida".

La fijación de la princesa Amanda por algo que no le convenía la despoja de su comunidad y de su alegría. Casi le quita la vida. Y no creo que sea demasiado dramático decir que hay cosas que salen de los libros y las pantallas que pueden hacer lo mismo.

Protejamos su inocencia

La edad promedio de exposición a la pornografía en Estados Unidos se sitúa actualmente entre los nueve y los once años. Puede que sea más temprana cuando leas estas palabras. La hipersexualización de los niños se ha generalizado en los programas de Netflix y otros populares servicios de *streaming*. A una edad en la que nuestros hijos e hijas deberían estar trepando a los árboles, jugando con peluches y saltando en una cama elástica que les haga sentir una montaña de emoción —porque son *niños*—, se los inunda, en cambio, de términos sexualmente explícitos e imágenes de artistas que bailan casi desnudas en la barra durante el espectáculo del descanso del Super Bowl. Y eso, si tenemos la dicha de protegerlos de cosas peores. (Para que conste, hace años que no vemos el espectáculo del descanso del Super Bowl; algunas decisiones de *no* hacer ciertas cosas son fáciles de tomar).

Proteger la inocencia de nuestros hijos nunca ha sido tan difícil. A veces parece como si necesitáramos un sexto sentido especial para detectar la inmundicia que llega a los ojos de nuestros hijos a kilómetros de distancia, ya que gran parte de su exposición a la basura que les roba la pureza proviene de los dispositivos de sus compañeros. No podemos protegerlos de todo, pero su exposición nunca debería ser consecuencia de nuestra laxitud o, Dios no lo quiera, de nuestra intencionada negligencia.

Me encantaría decir que, como madres, todas estamos de acuerdo en que nunca está bien exponer deliberadamente a nuestros hijos a contenidos que contaminarán sus mentes impresionables, promoverán comportamientos ocultos y deformarán su visión de su intimidad sexual futura y de su propia autoestima. Pero cientos de canales explotadores en YouTube me llamarían ingenua. La codicia es la principal motivación de la madre mediocre —más aún, reprensible—, y pueden ganar mucho dinero "prostituyendo" a sus tiernas hijas preadolescentes. Las madres que publican videos de sus hijas de once años, que se contornean al ritmo de canciones sexualmente explícitas con minifaldas y blusas escotadas que apenas cubren sus incipientes figuras, merecen ir a la cárcel. Sin embargo, en lugar de eso, se proclama que eso es "normal" y que estas "típicas niñas americanas" —que todavía deberían estar jugando con sus muñecas— tienen la madurez de entender la diferencia de cómo deben actuar si el ojo de la cámara parpadea en rojo o no. (Pista: sea frente a las cámaras o no, la ropa escasa y los movimientos de baile sugerentes nunca deberían ocurrir).

Esta es la verdad directamente de la boca de Jesús: "Porque del corazón salen los malos pensamientos, los homicidios, los adulterios, las fornicaciones, los hurtos, los falsos testimonios, las blasfemias. Estas cosas son las que contaminan al hombre; pero el comer con las manos sin lavar no contamina al hombre" (Mateo 15:19-20). No podemos tan solo desactivar el pecado que vive dentro de nosotros. Al igual que el dragón de la princesa Amanda, se alimentará de nuestra negativa a nombrarlo, sacarlo a la luz y exterminarlo. Crecerá hasta que nos demos cuenta de que ya no podemos controlarlo (como si alguna vez pudiéramos). Lamentablemente, esta verdad también se aplica a los niños. Pero Jesús también dejó muy claro lo que pensaba de cualquiera que corrompa a un inocente cuando declaró que "mejor le fuera que se le atase al cuello una piedra de molino y se le arrojase al mar, que hacer tropezar a uno de estos pequeñitos" (Lucas 17:2).

La zona de prohibición de teléfonos

A la luz de esta seria advertencia, otra cosa que *no* hacemos es permitir que nuestros hijos tengan sus propias piedras de molino electrónicas *—o sea,* teléfonos— antes de la edad de conducir, e incluso entonces, que no tengan fácil acceso a los motores de búsqueda, a compartir imágenes o a las redes sociales. Las trampas de la exposición temprana al mundo adictivo y distorsionador de la realidad de Instagram, Facebook, Snapchat y otras redes sociales han sido bien documentadas con vínculos a un aumento en los niveles de acoso escolar, depresión, suicidio, probabilidad de ser presa de pedófilos y exposición a la pornografía de los jóvenes usuarios.

No solo eso, sino que se ha demostrado que las pantallas personales tienen un efecto aislante en los usuarios jóvenes (bueno, y no tan jóvenes). El atractivo de sus colores brillantes, sus interminables aplicaciones, juegos y alertas de mensajes a menudo resulta abrumadoramente seductor para un niño de diez años para quien la alternativa es algo tan poco tecnológico como jugar con un balón bajo el sol. No me malinterpreten: jugar con un balón le gana al videojuego *Fuerte Nocturno* cualquier día de la semana, pero a menos que estemos dispuestas a nadar contra la corriente de una cultura que presenta la obsesión por la tecnología como un aspecto inevitable de la infancia del siglo XXI, puede que nuestros hijos nunca tengan la oportunidad de experimentar la magia de jugar con el balón mientras los rayos solares del verano caen sobre los mechones de pelo sudorosos y decolorados por el sol.

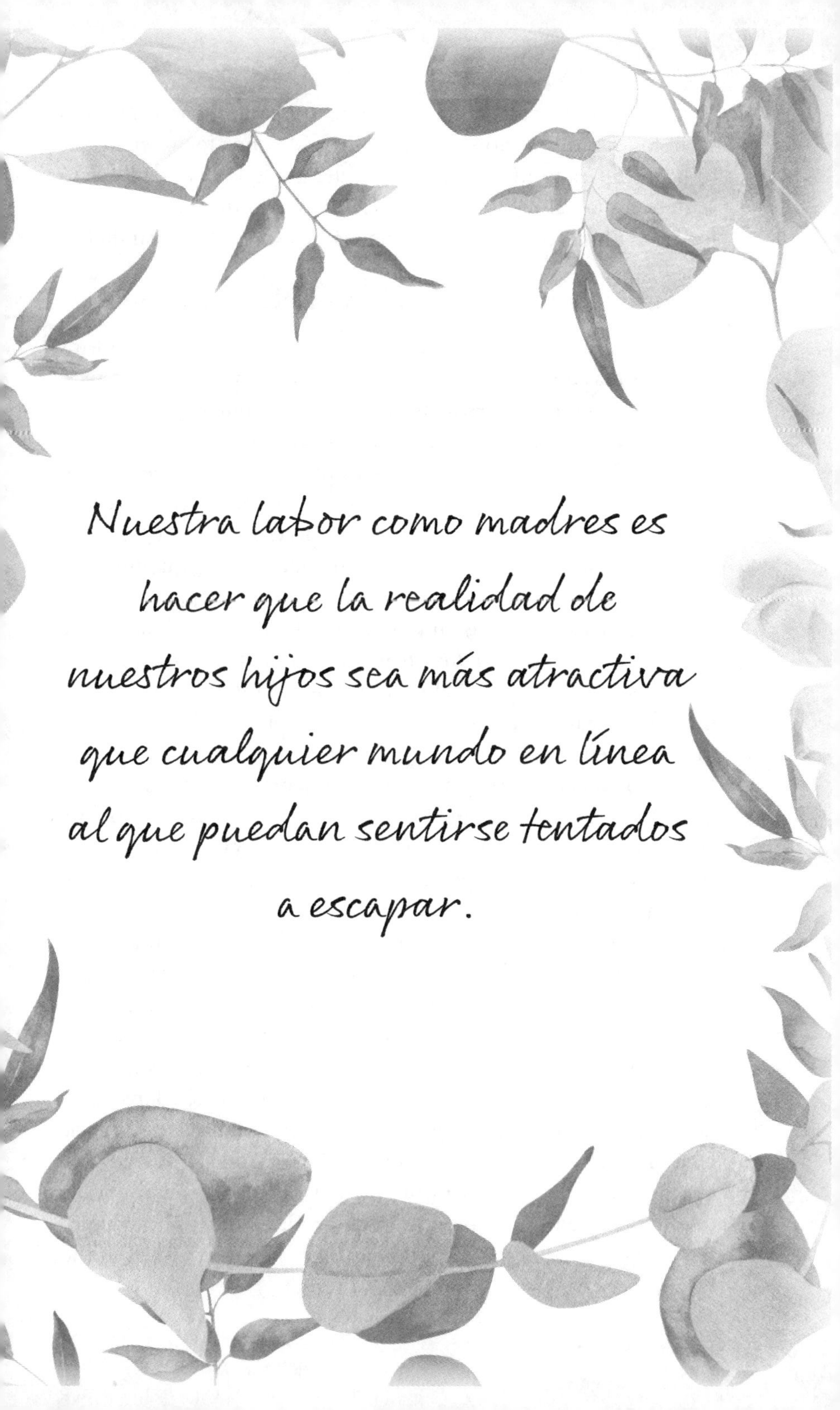

Nuestra labor como madres es hacer que la realidad de nuestros hijos sea más atractiva que cualquier mundo en línea al que puedan sentirse tentados a escapar.

Según un artículo de la revista *Forbes* sobre la adicción a la tecnología, "la obsesión de Estados Unidos por los *smartphones* se ha comparado incluso con la epidemia de la obesidad". Esto se debe a que, al igual que las adicciones a las drogas o al juego, los *smartphones* proporcionan una vía de escape de la realidad".[5]

Hagamos que la realidad vuelva a ser genial

Nuestra labor como madres es hacer que la realidad de nuestros hijos sea más atractiva que cualquier mundo en línea al que puedan sentirse tentados a escapar. Leer juntos un buen libro, hornear galletas, jugar a distintos juegos, cantar himnos, pasar tiempo con ellos de forma individual, comer malvaviscos alrededor de una hoguera, tomar clases de música, saltar sobre hojas secas… la lista es interminable. Además de limitar su acceso físico a la realidad virtual, debemos estar dispuestas a esforzarnos para que nuestros hijos se den cuenta de que la vida real es mucho mejor.

Sin embargo, lo más importante es que nos dediquemos a inculcarles el amor por una realidad que aún no podemos ver con nuestros ojos: la del cielo y la eternidad con nuestro Creador. Como nos exhorta 1 Juan 2:15: "No améis al mundo, ni las cosas que están en el mundo. Si alguno ama al mundo, el amor del Padre no está en él". No bastará con presentar a nuestros hijos las delicias de este mundo, pero cuando les enseñamos a "[probar y ver] que el Señor es bueno" (Salmos 34:8, NVI), sentamos una base de convicción que puede resistir incluso a las atracciones en línea más seductoras.

Puede que sea un planteamiento revolucionario en una época en la que las pantallas son las niñeras fáciles por excelencia, y en la que tantos padres parecen creer que sus hijos no podrán seguir el ritmo de sus compañeros, social o académicamente, sin ellas. Conozco a demasiadas madres que creen que sus hijos de siete años las odiarán para siempre si les niegan el "derecho" a la tecnología, un derecho plagado de responsabilidades y repercusiones que sus jóvenes mentes ni siquiera pueden empezar a comprender. Pero quiero animar a todas las madres del mundo a que sepan que ni su hijo en edad de primaria ni su hijo preadolescente —ni siquiera su hijo adolescente— *necesita* un teléfono inteligente con acceso ilimitado a Internet.

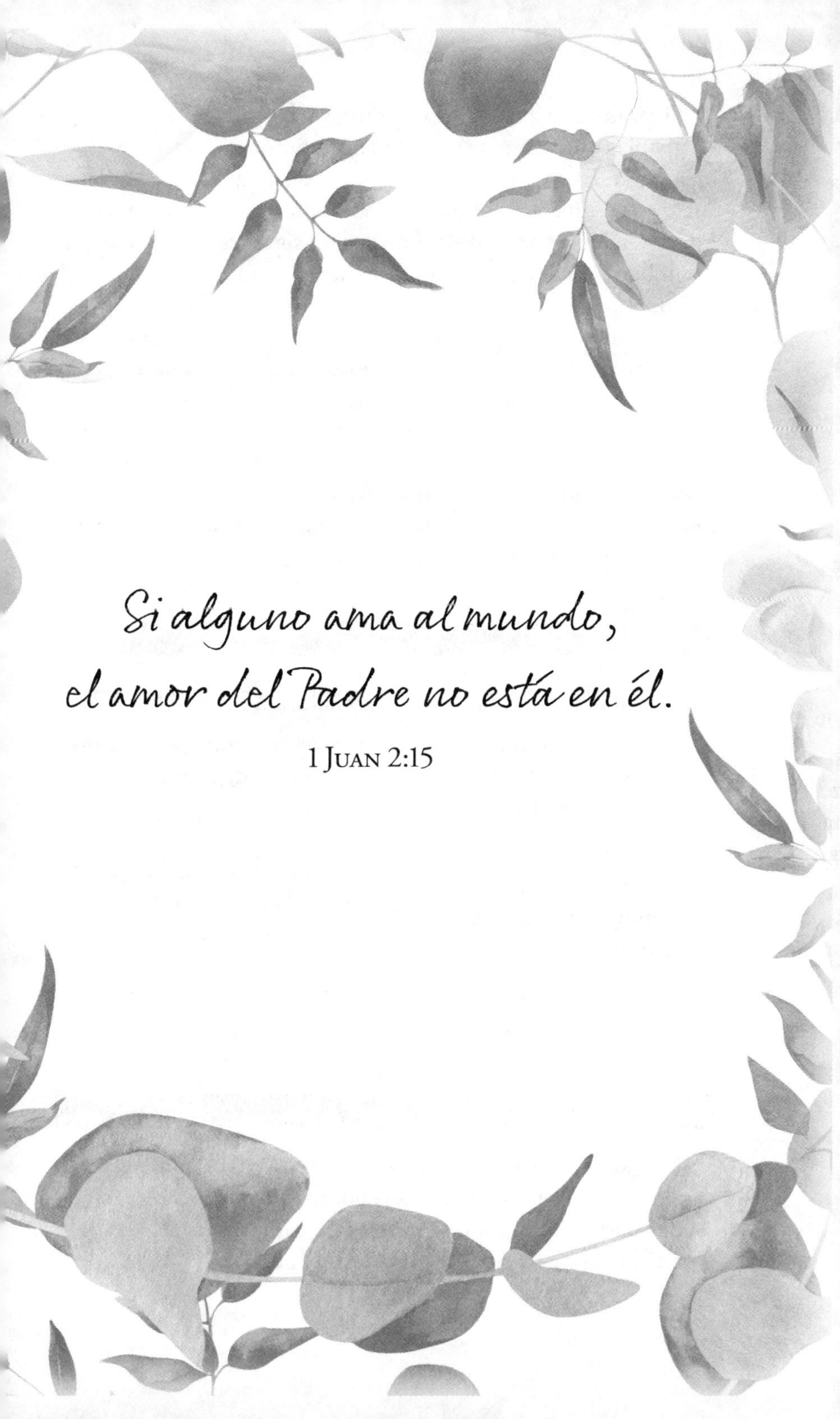
Si alguno ama al mundo,
el amor del Padre no está en él.
1 Juan 2:15

Si proteger a mis hijos y promover la unidad en mi hogar es un planteamiento revolucionario, entonces llámenme revolucionaria. Este es un libro que va en contra de la cultura de las "madres mediocres" por una razón. A veces, mantener a nuestros hijos fuera del camino de la destrucción significa estar dispuestas a combatir "lo que todo el mundo hace" con la Verdad con mayúscula (que es Jesús).

Sí, es más fácil a corto plazo dar a nuestros hijos una pantalla con el programa más popular del momento cuando necesitamos un descanso, pero más fácil no es necesariamente mejor, y difícil no es lo mismo que malo. De hecho, a menudo nuestras etapas de madre más difíciles son las que dan más frutos a largo plazo. Y son los frutos ganados con esfuerzo —como los que cosechamos cuando decidimos *no* mantener el orden establecido para lo tecnológico— los que saben más dulces.

EL RETO

MADRE MEDIOCRE	MADRE EXCELENTE EN CRISTO
Permite que los niños elijan los medios de comunicación sin investigar primero.	Investiga antes de permitir que los medios de comunicación entren en el hogar.
No reconoce el daño permanente que pueden infligir los medios de comunicación impíos.	Comprende lo impresionable que es el corazón y la mente de los pequeños.
Utiliza las pantallas como la niñera oficial.	Se compromete con el cuidado de sus hijos.

PASOS A SEGUIR

- Memoriza y medita en Romanos 12:2: "No os conforméis a este siglo, sino transformaos por medio de la renovación de vuestro entendimiento, para que comprobéis cuál sea la buena voluntad de Dios, agradable y perfecta".

- Comprométete a investigar cualquier medio de comunicación antes de permitirlo en tu hogar y a aprovechar cada momento para la enseñanza.
- Haz un plan sobre cómo prepararás a tus hijos para responder correctamente a los inevitables medios de comunicación impíos que encontrarán en otros lugares.

PREGUNTAS PARA LA REFLEXIÓN PERSONAL

¿Cuáles son algunas normas bíblicas para los medios de comunicación que todo hogar cristiano debería acatar?

¿Aplico estas mismas normas tanto a mí misma como a mis hijos? ¿Por qué sí o por qué no?

¿Cómo puedo ser una guardiana más eficaz en mi propio hogar?

ORACIÓN

Señor, en 1 Corintios 15:33 (NVI) dices que "las malas compañías corrompen las buenas costumbres". Ayúdanos a ser conscientes de la "compañía" que tenemos en los medios de comunicación que dejamos entrar en nuestros hogares. Que podamos mantenernos fieles a tus normas de verdad y pureza, por impopulares que sean.

15
LA EDUCACIÓN SEXUAL

Enseñemos a nuestros hijos el buen diseño de Dios para el sexo

Pocas cosas hacen sonrojar más a los padres —independientemente de su forma de ver la vida— que tener que hablar de sexo con sus hijos. Por mucho que nos guste el acto, describir su mecánica a cualquier persona puede resultar más que incómodo. La incomodidad aumenta exponencialmente cuando lidiamos con la idea de explicar el sexo a nuestros propios hijos, que inevitablemente se horrorizarán ante la epifanía de que "mamá y papá hicieron *eso* para tenerme". (O, mejor dicho, mamá y papá lo *siguen haciendo*).

Cómo tener "la charla"

En vista de mi buzón de entrada lleno de mensajes que solicitan recursos sobre cómo abordar "el tema, parece que las mamás cristianas están especialmente desconcertadas por la idea de tener una charla" con sus hijos sobre sexo. (El mero hecho de que tengamos eufemismos como "la charla" es un indicio de lo intimidante que nos resulta hablar de sexo con nuestros hijos). Y aunque entiendo el pánico (confieso que me puse un poco nerviosa la primera vez que tuve esa conversación con uno de nuestros hijos), lo cierto es que podemos estar tranquilas al saber que *lo único* que Dios no calificó de bueno en su creación fue el hecho de que Adán estuviera solo. De hecho, dijo "*no* es bueno". Sin embargo, la mujer no fue una idea tardía. No, Dios ofreció a Adán la oportunidad de descubrir por sí mismo que no había un alma gemela para él entre los animales, lo que no hizo sino aumentar su asombro cuando le dio una compañera que era "hueso de [sus] huesos y carne de [su] carne" (Génesis 2:23) y que estaba hecha literalmente para él y de él. Dios tenía un plan para la intimidad entre el hombre y la mujer mucho antes que estuvieran ante la expectativa de conversar con sus hijos sobre educación sexual.

Dios tenía un plan para la intimidad entre el hombre y la mujer mucho antes que estuvieran ante la expectativa de conversar con sus hijos sobre educación sexual.

Redimir la "educación sexual"

Y puesto que el plan de Dios para la sexualidad en las Escrituras es muy claro (y muy bueno), no tenemos que buscar más allá de la Biblia para encontrar una guía sobre cómo transmitir esa información a nuestros hijos de una manera que no implique tener que hacer nada raro con un plátano.

A propósito de eso, con demasiada frecuencia, la "educación sexual" disponible en las escuelas se centra únicamente en la mecánica del acto o en la prevención del embarazo y las enfermedades de transmisión sexual, y no en el hermoso diseño de dejar a los padres y unirse en una sola carne que se describe en Génesis 2:24. O al menos eso es lo que solía hacer la "educación sexual". Las escuelas están utilizando cada vez más la clase como una herramienta de adoctrinamiento que inunda incluso a los niños más pequeños con detalles inapropiados para su edad, orientaciones sexuales alternativas y "entrenamiento para desarrollar tolerancia".

No esperaría nada diferente de una cultura que se ha alejado tanto de sus raíces judeocristianas que la mera declaración de que los géneros establecidos son un hecho biológico, en lugar de un "proceso de identificación" variable, se considera discriminación. Y si no, que se lo pregunten a J. K. Rowling. A pesar de hacer referencia a la "fe" y la "religión", Rowling ha dicho incongruencias sobre una serie de temas, desde si existe vida después de la muerte hasta qué define exactamente el bien y el mal. La cultura laica y un grupo de seguidores fanáticos que idolatran su serie Harry Potter la acogieron con entusiasmo, hasta que cometió el "error" aparentemente inocuo de decir que creía en el género masculino y femenino.

Por extraño que parezca, convertirse en objetivo de la "cultura de la cancelación" por el solo hecho de decir que los niños son niños y las niñas son niñas, esta es la conclusión ilógica de una sociedad empeñada en rechazar incluso las normas bíblicas más básicas.

De repente, se convirtió en una *persona non grata*, y su nombre se borró de todos los ámbitos literarios posibles. Por extraño que parezca, convertirse en objetivo de la "cultura de la cancelación" por el solo hecho de decir que los niños son niños y las niñas son niñas, esta es la conclusión ilógica de una sociedad empeñada en rechazar incluso las normas bíblicas más básicas. (Génesis 5:2 señala: "Varón y hembra los creó; y los bendijo, y llamó el nombre de ellos Adán, el día en que fueron creados").

Ser consciente de que los no cristianos abordarán los temas sexuales desde una perspectiva no bíblica e incluso intentarán "cancelar" a quienes no estén de acuerdo no es lo mismo que aceptar sus conclusiones. Una de las características determinantes de la madre mediocre es la pasividad; la mentalidad de seguir la corriente, que asume que no podemos hacer nada para combatir las costumbres culturales, sin importar cuán arbitrarias o explícitamente nocivas sean. Esta mentalidad abdica de la responsabilidad que Dios ha dado a cada madre de arraigar cada aspecto de la educación de sus hijos —sí, también la educación sexual— sobre sus principios. Esto significa que no debemos dejar la explicación del diseño de Dios para la intimidad sexual en manos de las escuelas, los programas de televisión o los compañeros. Hacerlo podría evitarnos algo de vergüenza a corto plazo, pero enfrentar situaciones incómodas es intrínseco a la descripción de nuestra labor como madres, y debemos estar dispuestas a priorizar el beneficio a largo plazo de nuestros hijos por encima de nuestra propia comodidad.

En lugar de permitir que la sociedad defina los términos sexuales que aprenden nuestros hijos, escrudiñamos las Escrituras para saber qué dicen sobre el tema y nos comprometemos a transmitírselo a nuestros hijos. Y lo que dicen las Escrituras es esto: "Huid de la fornicación. Cualquier otro pecado que el hombre cometa, está fuera del cuerpo; mas el que fornica, contra su propio cuerpo peca" (1 Corintios 6:18). El secularismo declara que nuestro cuerpo nos pertenece y que podemos hacer con él lo que *nos* plazca. Pero el cristianismo entiende que, como ser creado, el hombre tiene un fin primordial: "glorificar a Dios y gozar plenamente de Él para siempre", como declara el Catecismo de Westminster. O como señala 1 Corintios 6:19-20: "¿O ignoráis que vuestro cuerpo es templo del Espíritu Santo, el cual está en vosotros, el cual tenéis de Dios, y que no sois vuestros? Porque habéis sido comprados por precio; glorificad, pues, a Dios en vuestro cuerpo y en vuestro espíritu, los cuales son de Dios".

Un planteamiento práctico

Transmitir a nuestros hijos lo que esto significa en la práctica puede ser diferente para cada familia, pero para la nuestra, esto se parece a un viaje especial de cumpleaños cuando nuestros hijos cumplen diez años. Shaun lleva de viaje a los niños y yo a las niñas. Ambos hablamos de temas delicados con ellos, pero, para este viaje, compartir el mismo género que el homenajeado tiene sentido.

Cuando hice esto con nuestra hija mayor, Della, viajamos a Dallas, que está a unas horas de nuestra casa. El objetivo del viaje de cumpleaños era doble: (1) prodigar toda mi atención a Della y (2) explicarle los pormenores de algo que había estado aprendiendo durante años.

Nuestra familia ha leído la Biblia varias veces a lo largo de los años utilizando *La Biblia en un año*, y nunca nos saltamos ni suavizamos los pasajes que hacen referencia a los aspectos sexuales de ciertas historias. Sé que es una opción controvertida, pero

Glorificad, pues, a Dios en vuestro cuerpo.

1 Corintios 6:20

yo crecí con padres que también me leían la Biblia tal y como estaba escrita. Como resultado, a los diez años ya conocía muchos aspectos de la sexualidad humana simplemente porque se habían mencionado en un pasaje bíblico diario y yo había hecho preguntas. No siempre obtuve la respuesta completa, como tampoco la obtienen nuestros hijos más pequeños.

Digamos que acabamos de leer el relato del ultraje que sufrió Dina por parte de Siquem en Génesis 34. Si nuestro hijo de cinco años pregunta qué es una "violación", le explicamos que es cuando un hombre lastima gravemente a una mujer y que eso está muy mal. A medida que nuestros hijos maduran y aprenden más cosas sobre el sexo, podemos matizar esa explicación. Lo mismo ocurre con frases como "*Conoció* Adán a su mujer Eva". No es necesario explicar los detalles a un niño pequeño, pero podemos decir que esto no solo significa que Adán sabía quién era Eva, sino que se refiere a algo que Dios dio específicamente a las personas casadas. Repito, a medida que su conocimiento se amplía, podemos usar nuestro discernimiento para saber cuándo quitarles más capas protectoras de ignorancia hasta que, cuando estén listos, tengan una comprensión bíblica completa del sexo.

Nuestros hijos pueden con eso

En el caso de Della, ella era consciente de que sus hermanos mayores habían recibido una información especial cuando tuvieron sus viajes al cumplir los diez años, así que esperaba una conversación de algún tipo. Y se mostró muy natural mientras la teníamos. Con demasiada frecuencia subestimamos la capacidad de nuestros hijos de absorber y asimilar la información al pie de la letra. Sí, la respuesta variará en función de la personalidad del niño, pero hacemos un gran daño tanto a nuestros hijos como a nosotras mismas cuando evitamos por completo el tema del sexo o le asignamos un aura casi mística y prohibida. Al colocarlo en el pedestal de "eso ni siquiera se nombre", le atribuimos vergüenza e incluso una importancia negativa en la mente de nuestros hijos.

Decidí abordar el tema del sexo con Della desde el marco teórico con el que comencé este capítulo. Le dije que el sexo es un elemento vital del buen designio de Dios para el matrimonio entre un hombre y una mujer, que Dios había creado literalmente a la mujer a partir del hombre, y que estaban hechos para encajar, física y emocionalmente, como dos piezas de un rompecabezas. Utilicé todos los términos anatómicamente correctos que tan a menudo nos hacen sonrojar, pero ella se limitó a asentir y escuchar con calma y con los ojos bien abiertos.

Cuando terminé, le pregunté si quería preguntarme algo y le aseguré que podía acudir a mí con *cualquier* duda o pregunta que tuviera. Le dije que sabía que podía resultar un poco incómodo, pero que prefería que se lo dijera yo antes que nadie. Su respuesta me hizo saber que toda la preparación que habíamos hecho al darle toda la información de las Escrituras que ella podía manejar en ese momento había dado sus frutos. "¿Por qué debería sentirme incómoda con todo esto? —dijo—. Dios lo diseñó y es algo bueno, así que ¿de qué hay que avergonzarse?".

Me sentí bendecida por su aplomo emocional, pero no puedo decir que me sorprendiera del todo, en parte porque conozco bien a mi hija y en parte porque sabía que no era la primera vez que se enfrentaba a este concepto. Más bien, era la culminación de años de conocimiento cada vez mayor. Repito, no estoy diciendo que la nuestra sea la única manera de hacerlo, pero sí que es esencial asumir la responsabilidad de ser el primer punto de contacto de nuestros hijos con este tema tan delicado.

La horrible verdad sobre la pornografía

Pero creo que es posible llevar demasiado lejos la "franqueza" con nuestros hijos sobre el tema del sexo, especialmente cuando se trata de prácticas que son claramente incorrectas. Ali Wentworth (esposa de George Stephanopoulos) ha declarado que veía pornografía con sus hijas adolescentes. Explicó su elección poco convencional bajo el razonamiento de que "no puedes detenerlas. En verdad, no puedes detenerlas. Si miran pornografía, yo la miraría con ellas". Argumenta que lo hace por el bien de la educación. Un artículo sobre su perspectiva en el sitio web de *She Knows* la aplaude como una perspectiva razonable y concluye que "esa es la mejor forma de preparar [a los niños] para disfrutar del sexo de una forma sana (y mantener una vida sexual saludable por sí mismos) cuando estén preparados".[6]

"Esa mejor forma" a la que hace referencia el artículo es supuestamente la propia pornografía, lo que significa que la autora parte de la suposición de que existe una forma sana de consumir imágenes de otros practicando el acto sexual. Esta suposición se enfrenta a la creciente montaña de pruebas de que la pornografía está lejos de ser inofensiva y es, de hecho, lo opuesto a saludable. Cada vez más estudios relacionan la pornografía con la adicción, la disfunción sexual, el abuso, el tráfico y la explotación sexual.

Ignorar alguna o todas estas cuestiones es peligroso, independientemente de los puntos de vista religiosos. Y, no obstante, la decisión de Wentworth de exponer a sus hijas a la pornografía no se basa en el deseo de ilustrar lo absolutamente irredimible que es. (Hay formas mucho mejores de enfatizar lo destructiva que es, si ese es tu objetivo, que mirándola). En cambio, quiere mostrar a sus hijas que la pornografía no es una representación realista de los cuerpos de las mujeres ni de su comportamiento sexual. Aunque estoy de acuerdo con esa parte, no estoy de acuerdo con el resto de su ideología. Una simple explicación de la falta de realismo de la pornografía —en lugar de una sesión de mira y explica— *sería* suficiente si ese fuera su único problema; pero una explicación de este tipo no aborda las sucias entrañas de una industria multimillonaria que se beneficia de la adicción y la explotación.

Nuestra labor es advertir a nuestros hijos que la pornografía es destructiva tanto para los hombres como para las mujeres, porque pone en peligro los matrimonios incluso antes de casarse. Porque, ¿cómo podría esperar una mujer "normal" estar a la altura de las versiones de la "realidad" que aparecen maquilladas con vaporizador, bronceadas con spray y contorneadas con liposucción a un solo clic de distancia? La disfunción eréctil inducida por la pornografía, es decir, la incapacidad de excitarse con la pareja actual, es un hecho real y afecta a personas reales todos los días. Y no solo eso, sino que en los últimos años ha aumentado notablemente el número de mujeres que consumen pornografía, lo que significa que no se trata de un problema exclusivamente masculino.

Entonces, ¿por qué no hay más fuentes laicas que reconozcan estas verdades y denuncien la pornografía como el cáncer maligno que es? Hasta cierto punto, creo que nuestra cultura se niega a denunciar categóricamente la pornografía porque hacerlo desmentiría su afirmación de que no hay ningún problema con tener sexo fuera del matrimonio. Después de todo, si el sexo extramatrimonial no es dañino, ¿por qué debería serlo ver a otra persona tener sexo? Por supuesto, los cristianos bíblicos saben que sí es dañino porque, como mencionamos en el capítulo anterior, lo que consumimos con nuestros ojos a menudo se filtra en nuestra mente y nuestro corazón.

Antigua pero no anticuada

A cualquiera que afirme que es ingenuo enseñar a nuestros hijos que el diseño de Dios para la intimidad sexual se limita a un hombre y una mujer dentro del matrimonio, y que tal enseñanza no es más que una vieja figura retórica anticuada, nuestra respuesta debe ser un sincero: "¡No!". La postura de Dios sobre la santidad del lecho matrimonial puede ser antigua (antigua como el huerto del Edén), pero está lejos de ser anticuada. Hebreos 13:4 deja clara su postura: "Honroso sea en todos el matrimonio, y el lecho sin mancilla; pero a los fornicarios y a los adúlteros los juzgará Dios". Y Jesús dio un paso más en Mateo 5 cuando dijo que el mero hecho de mirar a una mujer con lujuria es cometer adulterio en el corazón. Así que incluso la excusa de mirar pornografía para "poner un poco de condimento" al matrimonio no funcionará. El mundo no puede comprender esta perspectiva radical de la pureza, tanto antes de casarse como en el matrimonio.

En el mismo artículo de *She Knows*, la autora cita a un "educador familiar de Portland" que declara: "Hay buenos estudios que demuestran que la educación que promueve solo la abstinencia no funciona". No sé cuáles son esos "buenos" estudios, pero la verdad es que estoy de acuerdo en que nuestros hijos necesitan algo más que la directiva de la abstinencia. Si nos limitamos a proclamar "no tengan sexo", me imagino que el porcentaje de adolescentes que realmente lo cumplan será demasiado bajo. Después de todo, los medios de comunicación hacen que el sexo parezca, en fin, atractivo sexualmente. Lo utilizan para vender de todo, desde cerveza hasta autos y aspiradoras. ¿Por qué no *querríamos* un poco?

Lo querríamos, lo queremos, y es natural.

Dios ha puesto un impulso sexual *dentro* de cada uno de nosotros, y eso es bueno, dentro de los parámetros de su diseño perfecto para el matrimonio. Pero si no explicamos *por qué* esta advertencia es tan importante y, en cambio, solo insistimos en la línea de la abstinencia, nos encontraremos con una gran resistencia por parte de los adolescentes, que sentirán que les estamos robando la diversión, que la sociedad (y sus hormonas) les asegura que les corresponde.

Esperar al matrimonio es atractivo sexualmente

En definitiva, esta es la razón por la que un planteamiento mediocre de la pasividad o sometimiento a las narrativas culturales y populares perjudica tanto la visión que nuestros hijos tienen de la intimidad sexual. No presentamos la idea de esperar hasta el matrimonio para tener sexo con el atractivo que se merece. Creo que la "cultura de la pureza", con su énfasis en los votos y anillos especiales, comienza por mostrar buenas intenciones. Sin embargo, como ocurre con cualquier otro planteamiento normativo, puede derivar fácilmente en el legalismo y el alarmismo. He sabido de muchas lectoras que optaron por la abstinencia sexual porque les sembraron miedo con las terribles advertencias sobre la ira de Dios, solo para rebelarse más tarde. Muchas otras comenzaron el matrimonio con expectativas muy bajas después de oír hablar del "deber conyugal de la esposa" de boca de mujeres mayores que actuaban como si el sexo fuera un deber (desagradable) que debían cumplir.

En cambio, como mamás, tenemos la oportunidad de mostrar a nuestros hijos lo agradable y placentero que puede ser dar afecto a nuestro esposo (y solo a nuestro esposo). Cuando enfatizamos el buen plan de Dios para el sexo en el matrimonio y lo gratificante que es ejercer el dominio propio a corto plazo en pro de una relación a largo plazo libre de cargas sexuales, comparaciones y heridas del pasado, les transmitimos a nuestros hijos la esperanza de un matrimonio sano y, sí, puro.

Sé que nuestra sociedad sostiene que la abstinencia sexual es imposible, incluso antinatural, cuando nuestras hormonas adolescentes exigen lo contrario, pero ni mi marido ni yo hemos tenido otras parejas sexuales. Muchas otras personas de nuestro círculo cristiano que se casaron más o menos en la misma época tienen la misma historia. Y ninguna de nuestras relaciones se ha resentido por ello. Al contrario, la confianza y la intimidad que da saber que tu historia sexual no se comparte con nadie más produce una paz y una libertad increíbles para ser tú misma en el dormitorio.

Por mi parte, no elegí la castidad a regañadientes porque me obligaran a hacerlo unos padres o líderes espirituales con buena intención, pero de mano dura. Sí, mis padres me enseñaron lo que la Biblia dice sobre el sexo antes del matrimonio, pero nunca me sentí amenazada, solo animada a pensar que, por muy atractivo que el mundo hiciera parecer el sexo prematrimonial, sería mucho más satisfactorio y estimulante si lo compartía solo con mi futuro cónyuge. No solo eso, sino que vi por mí misma el resultado del comportamiento sexual promiscuo de mis compañeras, y nunca se pareció ni remotamente a la glamurosa representación que se hace de él en películas como *Baile caliente* (*Dirty Dancing*) o *Mujer bonita* (dos clásicos "amenos" que enseñan todas las lecciones equivocadas sobre el sexo ocasional).

Shaun pensaba lo mismo, aunque su historia es diferente, ya que se mantuvo firme en su creencia de reservar la intimidad sexual para el matrimonio cuando aún no era creyente. Incluso llegó a enrollar un edredón y colocarlo en medio de su cama como barrera cuando su novia de entonces se quedaba a dormir por problemas de transporte. Cuando le pregunté por qué sentía tal convicción de esperar, me dijo lo siguiente: "No quería que mi futura esposa hubiera estado con nadie más, y supuse que ella querría lo mismo. Si hubiera tenido relaciones sexuales antes del matrimonio, habría sentido que estaba engañando a mi futura esposa". Creo que el Señor tuvo la gracia de regalar a mi marido una visión especial de la belleza de una relación sexual exclusiva entre un hombre y una mujer casados. Shaun no veía el sexo como algo casual o indiferente, sino como algo sagrado y algo que había que apreciar.

Y tenía razón. Toda la razón.

Y si nosotras, como mamás cristianas, estamos preocupadas por presentar el sexo de una manera bíblicamente correcta

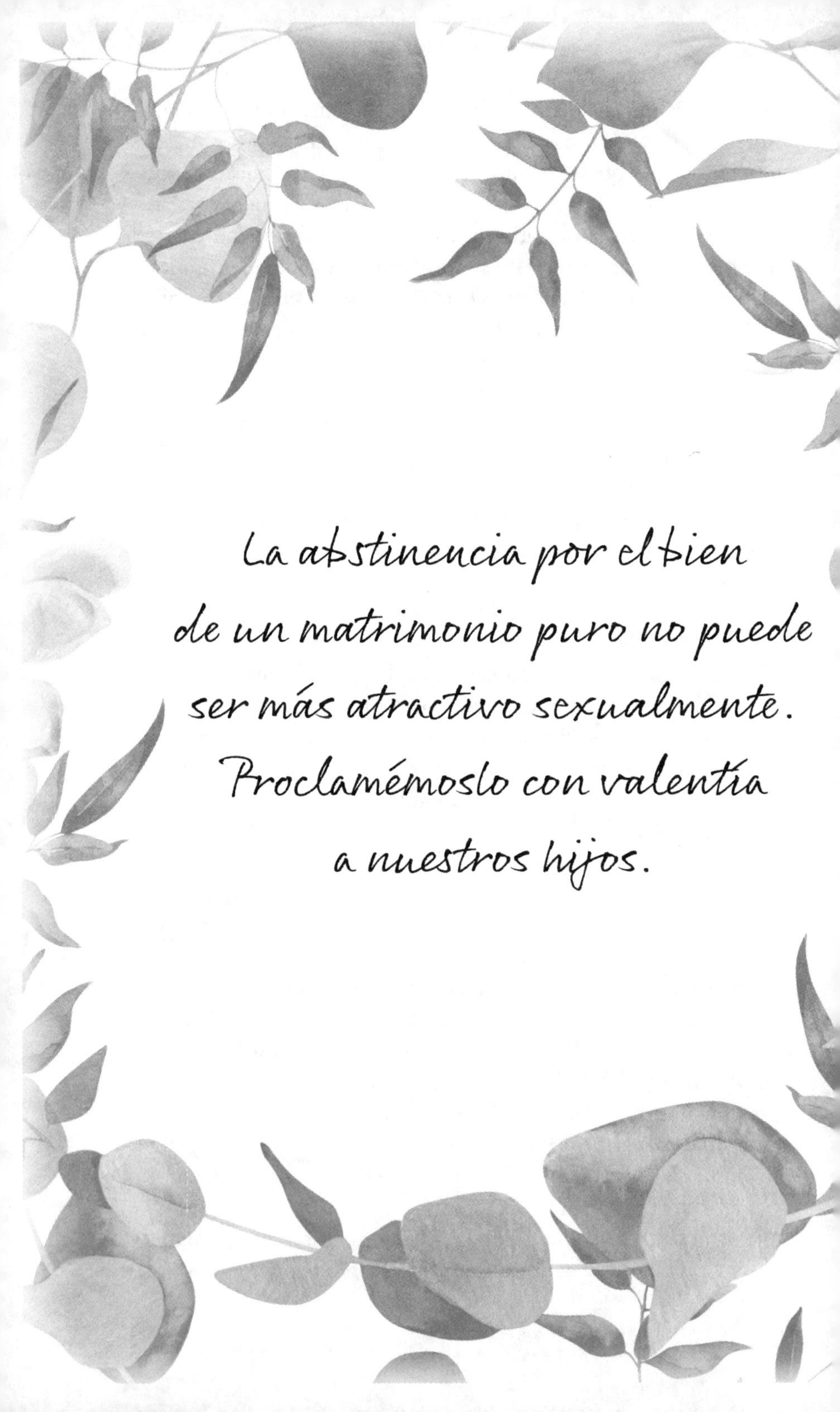

La abstinencia por el bien
de un matrimonio puro no puede
ser más atractivo sexualmente.
Proclamémoslo con valentía
a nuestros hijos.

(y deberíamos estarlo), entonces debemos actuar como mujeres responsables y valientes, y estar dispuestas a hablar sobre el buen diseño de Dios para que nuestros hijos no se dejen llevar por una agenda mundana que impulsa y promueve las opciones impías, la confusión de género y, sobre todo, una perspectiva equivocada de que la abstinencia sexual hasta el matrimonio es solo para los estrictamente beatos y los que no "enganchan a nadie".

Conocemos la verdad. La abstinencia por el bien de un matrimonio puro no puede ser más atractivo sexualmente. Proclamémoslo con valentía a nuestros hijos.

EL RETO

MADRE MEDIOCRE	MADRE EXCELENTE EN CRISTO
Deja las explicaciones sobre el sexo para "otro".	Considera que la "educación sexual" es tarea de los padres.
Permite que los valores mundanos dominen la narrativa.	Explica el sexo desde una perspectiva bíblica.
No comprende la importancia de preparar a los niños para una intimidad sexual piadosa.	Sabe lo que está en juego en un mundo lleno de confusión y daño sexual.

PASOS A SEGUIR

- Memoriza y medita sobre Génesis 2:24: "Por tanto, dejará el hombre a su padre y a su madre, y se unirá a su mujer, y serán una sola carne".
- Desarrolla un plan para hablar de sexo con tus hijos de tal manera que transmita el buen plan de Dios para el sexo.
- Considera la tecnología y evalúa si tus hijos tienen acceso a información sexual para la que no están preparados.

PREGUNTAS PARA LA REFLEXIÓN PERSONAL

¿Tengo una visión bíblica del sexo? Si no es así, ¿por qué?

¿Por qué, cuando Dios lo ha aprobado tan claramente dentro del matrimonio, me pone tan nerviosa hablar con mis hijos sobre sexo?

¿Cuáles son los beneficios de que mis hijos escuchen sobre sexo de mí y no del mundo?

ORACIÓN

Señor, gracias por habernos concedido la buena dádiva del sexo en el matrimonio. Ayúdanos a transmitir con claridad a nuestras hijas el gozo que nos produce la intimidad sexual con nuestro cónyuge y a hacerlo con valentía para poder combatir las mentiras que nuestra cultura trata de difundir.

16

NO TIENES POR QUÉ HACERLO TODO

Aceptar ayuda es una buena idea

Me preguntan a menudo si tengo "ayuda". La segunda casa que hemos construido es bastante grande y parece que todos tienen una fascinación por saber cómo me las arreglo para mantenerla limpia (aviso: casi nunca está todo limpio al mismo tiempo) mientras me ocupo de la escolarización en el hogar, escribo mi blog, doy clases de gimnasia, preparo la cena y hago cosas de la vida en general. Siento lo mismo por muchas de mis amigas, en línea y en persona, que hacen malabarismos para realizar todas las tareas que tienen entre manos. Me asombra su capacidad para hacer tantas cosas a la vez, pero la verdad es que conozco a pocas mujeres que no sean bastante expertas en preparar la cena mientras responden un correo electrónico y curan una herida. Llevamos la multitarea en la sangre.

Sin embargo, el hecho de que seamos *capaces* de hacer muchas cosas a la vez no significa que no nos sintamos agobiadas e insuficientes o que a veces, mientras hacemos malabarismos para realizar todas las tareas que tenemos entre manos, terminamos estrelladas contra el piso.

Hacerlo todo es un mito

No hay nadie —repito, *nadie*— que lo haga todo. Como ya dijimos al principio de este libro, no hay dos buenas madres iguales. Las diferencias en nuestros intereses y personalidades también significan diferencias en nuestras fortalezas y prioridades. Sin embargo, lo que permanece constante es que ninguna de nosotras es capaz de dominar todas las categorías de todas las cosas todo el tiempo. En pocas palabras, hay demasiadas categorías. Si estamos en una etapa tranquila de la vida, nuestra capacidad puede ampliarse hasta incluir cinco o seis cosas que hacemos realmente bien, pero siempre habrá un área (al menos) en la que podríamos mejorar. Creo que el Señor nos ha diseñado así por dos razones:

1. Si alguna vez llegáramos a dominar todas las cosas en cada etapa de la vida, nos costaría reconocer nuestra necesidad constante de Él. Nuestra fe estaría en nuestra propia capacidad, y no en Aquel de quien proviene.
2. Si hiciéramos siempre todo bien, quizá nunca reconoceríamos nuestra necesidad de los demás.

Nadie es una isla. Y aunque dudo que muchas madres se hayan imaginado alguna vez como una isla —más bien se imaginan como una de esas atracciones para niños en el parque de diversiones con muchos brazos que giran todo el tiempo—, a veces nos comportamos como si debiéramos ser capaces de hacer una cantidad sobrehumana de tareas sin ninguna ayuda.

¿Por qué pensamos que, cuando nos cuesta hacer las cosas y necesitamos ayuda, aceptarlo es, en cierta medida, un acto vergonzoso que nos hace "menos que las demás"?

Al menos una cuarta parte de las veinticuatro horas que tenemos al día debemos dedicarla a dormir si queremos que nuestro cuerpo y nuestro cerebro sigan funcionando a su máxima capacidad. Así que, ¿por qué suponer que otros son capaces de hacer más cosas en el día de lo que es humanamente posible? Y ¿por qué pensamos que, cuando nos cuesta hacer las cosas y necesitamos ayuda, aceptarlo es, en cierta medida, un acto vergonzoso que nos hace "menos que las demás"?

Estas son preguntas con las que he luchado personalmente durante años, incluso mucho después de tomar la decisión de contratar a una vecina para que nos ayudara con la limpieza después que Evy y Nola nacieron. Aún recuerdo la curiosa mezcla de alivio y decepción de mí misma que sentí. Yo era una madre que escolarizaba en casa a cinco niños, todos con seis años o menos, y no alcanzaba para hacer todas las cosas. O, mejor dicho, hacía muchísimas cosas, pero no todas bien. La ropa para lavar solía estar en un cesto al final de la cama (o a veces amontonada en el piso) durante dos semanas seguidas. Buscar ropa interior limpia en el cesto era como una búsqueda del tesoro diaria. Aun así, me sentía fracasada por haber contratado una ayuda (aunque era evidente que la necesitaba).

Orgullosa, no poderosa

Experimenté la misma tensión cuando pedí por primera vez a mi madre que nos ayudara con la escolarización en casa dos días a la semana. Nuestras gemelas estaban en la etapa en que se "cambiaban de ropa diecisiete veces al día" y yo estaba embarazada del sexto. ¡Por Dios! Una mujer de verdad debería haber sido capaz de mantener la ropa en los cajones mientras luchaba con las náuseas y el cansancio, fregaba los baños, enseñaba matemáticas y preparaba comida casera para servir en la mesa a tiempo. O eso me decía a mí misma mientras seguía a mi madre a todas partes, intentando enseñarles a mis hijos las mismas cosas que ella ya les estaba enseñando, porque dejarla hacerlo indicaría claramente que yo era negligente.

Creo que es bastante obvio que estaba siendo ridícula (y orgullosa). Por muy contradictorio que pueda parecer en un libro sobre la lucha contra la mediocridad admitir que se necesita ayuda, lo cierto es que insistir en hacerlo todo sola suele producir resultados de menor calidad que estar dispuesta a reconocer tus límites y pedir ayuda o contratar a otra persona cuando sea posible. Por supuesto, hay un mensaje contradictorio en nuestra cultura occidental acostumbrada a salir adelante sin la ayuda de

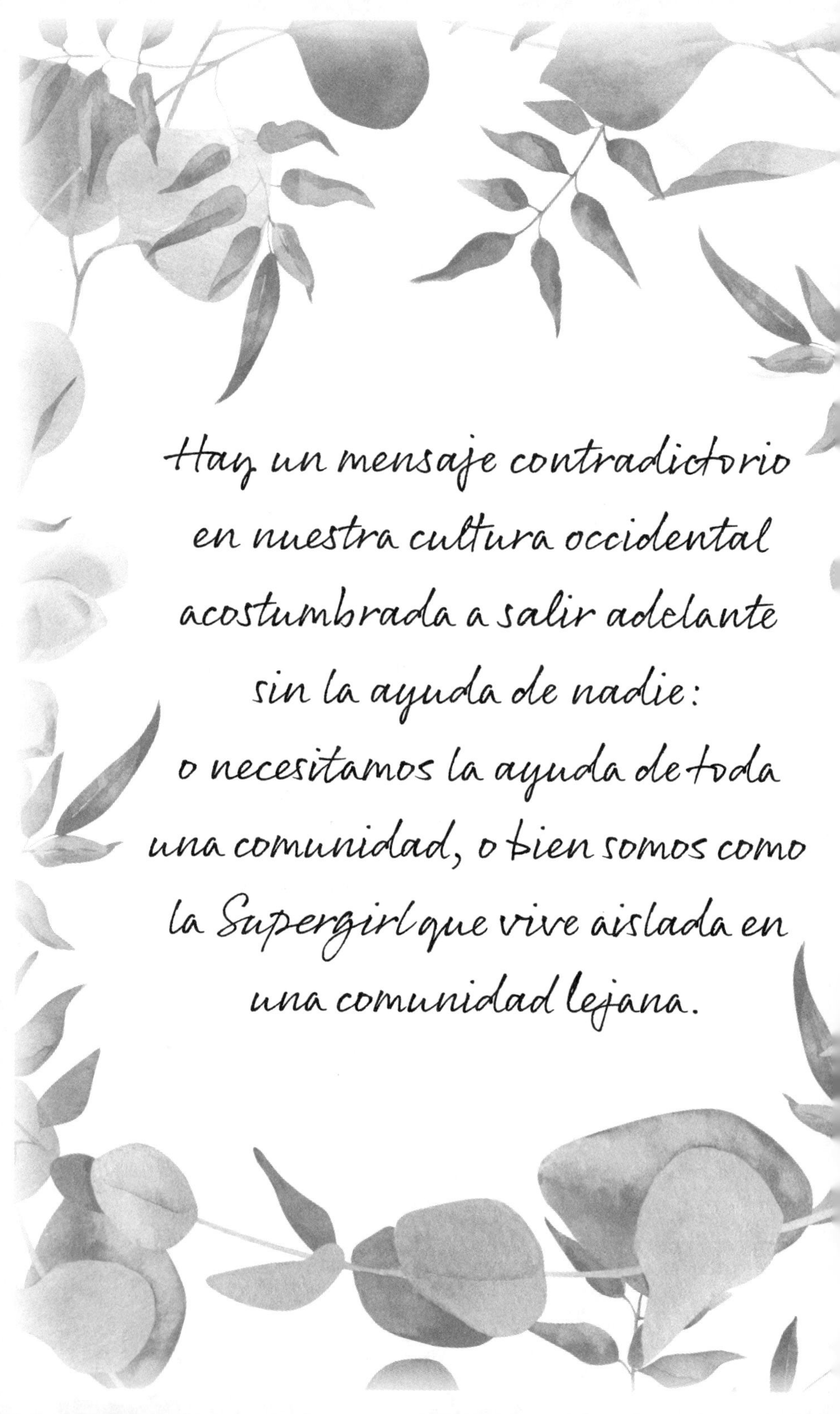

Hay un mensaje contradictorio
en nuestra cultura occidental
acostumbrada a salir adelante
sin la ayuda de nadie:
o necesitamos la ayuda de toda
una comunidad, o bien somos como
la Supergirl que vive aislada en
una comunidad lejana.

nadie: o necesitamos la ayuda de toda una comunidad, o bien somos como la *Supergirl* que vive aislada en una comunidad lejana. Ninguno de los dos extremos es bíblicamente correcto. La Biblia nunca nos exhorta a reclutar a cada amiga, vecina, madrina y otras personas para enfrentar el gran reto de educar bien a nuestros hijos. Conseguir que tantas personas se ajusten significativamente a nuestros valores fundamentales como familia cristiana sería casi imposible. Sin embargo, la Biblia tampoco dice que debamos rechazar todos los ofrecimientos de ayuda. Hebreos 10:24-25 señala: "Y considerémonos unos a otros para estimularnos al amor y a las buenas obras; no dejando de congregarnos, como algunos tienen por costumbre, sino exhortándonos…".

La comunidad y el apoyo práctico que esta ofrece son importantes para nuestra vida cristiana. En cierta medida, todas nuestras respuestas a "¿tienes ayuda?" deberían ser afirmativas, en un mundo ideal. Porque se espera que contemos al menos con el apoyo de nuestra familia cristiana. También deberíamos ayudar a las demás en la medida de nuestras posibilidades. Es un ida y vuelta continuo en el que bendecimos a otras mamás y somos bendecidas.

Las personas cristianas nos necesitamos

Debía entregar el manuscrito de este libro justo después de Navidad, y nunca olvidaré las semanas previas (la Navidad y la fecha de entrega límite). Tuvimos que someter a Titus y Tobías a un tratamiento quirúrgico por tener la lengua atada, lo que afectó el progreso que habíamos logrado en dormir más horas por la noche. Los pobrecitos se sintieron muy mal durante una semana entera. Y yo estaba igual de abatida por la falta de sueño y el dolor de la lactancia. Al día siguiente de la operación, choqué por detrás con un camión de remolque en nuestra flamante furgoneta para quince pasajeros. El remolque no sufrió ni un rasguño, pero la furgoneta quedó inutilizada. Esa misma semana me salió una llaga en el cuero cabelludo tan grave que me dolió todo el lado izquierdo de la cabeza durante días. Ese domingo, llevé sola a mis siete hijos más pequeños a la iglesia porque mi marido y mis hijos mayores estaban fuera de la ciudad, y una dulce familia había invitado a Evy y Nola a jugar después de la

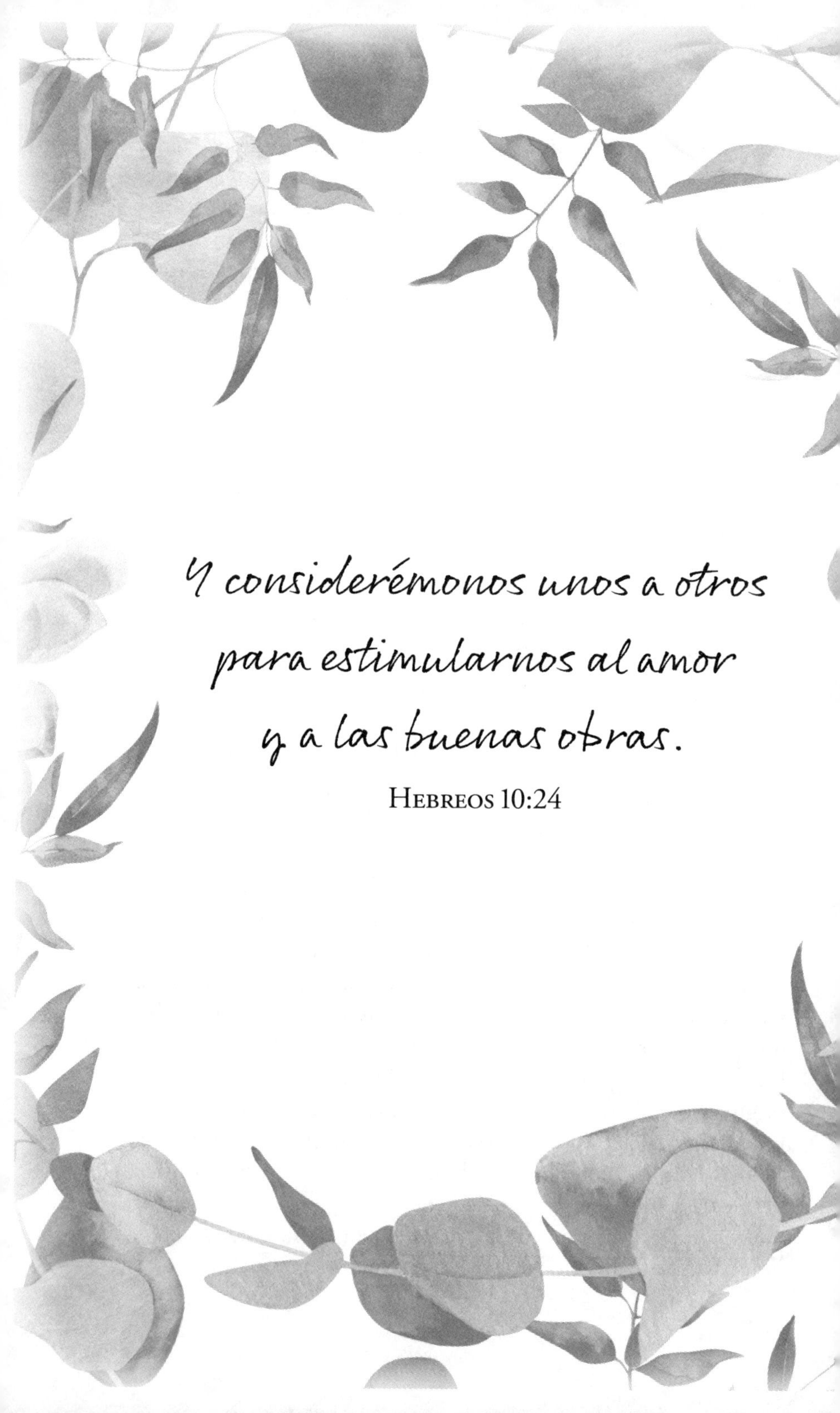

Y considerémonos unos a otros
para estimularnos al amor
y a las buenas obras.

Hebreos 10:24

iglesia. Me habían ayudado mucho con la ausencia de sus hermanos mayores y estaba decidida a llevarlas.

Sin embargo, nada salió bien aquella mañana. Me lesioné la espalda al levantarme de la cama (tengo treinta y tantos años y diez hijos) y no podía agacharme para levantar a mi hijo pequeño de quince kilos. Así que, puesto que lo único que él quería era que lo levantara en brazos, expresaba su decepción de que yo no pudiera hacerlo con gran, ejem, *entusiasmo* acompañado de golpes con todo el cuerpo boca abajo contra el piso del baño. Tardé un rato, pero finalmente conseguí que todos se vistieran con sus mejores ropas y subieran al vehículo; pero, mientras salía del garaje y prestaba menos atención a las puertas del garaje a causa de la crisis de Honor por la hebilla de su sillita, rompí el retrovisor lateral de nuestra vieja furgoneta que nos habían prestado los amigos que la compraron. Luego me pasé diez minutos cojeando por la casa en busca de cinta adhesiva, hasta que por fin encontré una con un diseño floral rosa. Ah, ¿y he mencionado que llovía a cántaros?

Cuando entramos al vestíbulo de la iglesia, empapados y demasiado tarde para encontrar un sitio entre la multitud navideña, estaba llena de resignación ante mi destino, hasta que se acercó otra madre y me preguntó: "¿Cómo estás, amiga?". Mis ojos se llenaron de las lágrimas que había estado conteniendo durante al menos una hora. Mientras me abrazaba, sus palabras fueron como "manzana de oro con figuras de plata" (Proverbios 25:11): palabras llenas de gracia y misericordia.

El Señor me ilustró esta verdad cuando mi amiga me condujo a los asientos de reserva en la sala contigua y repartió entre mis hijos hojas para colorear y refrigerios. Y otra vez, cuando la misma familia que había invitado a Evy y Nola me invitó a mí y a mis hijos, para que yo pudiera amamantar a mis bebés sin tener que preocuparme de preparar comida para los demás. Y una vez más, cuando el marido de una amiga insistió en caminar bajo la lluvia para ir a buscar "mi" furgoneta (que ahora lucía un elegante vendaje floral con cinta adhesiva en el espejo retrovisor lateral) para traerla bajo el pabellón cubierto mientras esperábamos.

Esas personas fueron Jesús para mí en un día cuando las necesité.

Me tocó a mí unos días después, cuando una amiga de la iglesia publicó un comentario en mis redes sociales sobre la mala semana que estaba pasando y su despensa vacía. Estaba tan hundida en mi autocompasión, que ni se me pasaba por la cabeza bendecir a los demás. Del mismo modo, la fecha límite de entrega de mi manuscrito y mis bebés quisquillosos me estaban impidiendo difundir la alegría de la Navidad. Pero el Señor me dio un codazo y me dijo: "Su despensa está vacía. Puedes hacer algo por ella".

Así que tomé mi teléfono e hice un pedido de comida para mi amiga. ¿Y sabes qué? Mi depresión desapareció.

Esta es la belleza de bendecir a otros. Lo hacemos por ellos, pero nos beneficiamos enormemente a cambio. Necesito recordar esto cuando me siento tentada a abrazar fuertemente mis problemas sobre mi pecho para que nadie pueda verlos y ofrecerme una mano de ayuda.

Porque esta es la belleza de bendecir a otros. Lo hacemos por ellos, pero nos beneficiamos enormemente a cambio. Necesito recordar esto cuando me siento tentada a abrazar fuertemente mis problemas sobre mi pecho para que nadie pueda verlos y ofrecerme una mano de ayuda. Al hacerlo, les estoy robando la oportunidad de dar y recibir ayuda.

Tienes más ayuda de la que crees

Ahora bien, tal vez estés leyendo y pienses: "Eso está muy bien, Abbie, pero todavía no he encontrado una iglesia, y no vivo cerca de mi familia. Todos mis hijos son pequeños. Además, no podemos permitirnos el lujo de contratar ayuda".

Lo entiendo. Cuando "solo" teníamos dos hijos menores de dos años, estábamos en una situación muy parecida, pero si estás leyendo este libro, es casi seguro que tienes una maravillosa fuente de ayuda sentada cerca de ti, que posiblemente te esté revolviendo el cabello o te esté tirando del codo para pedirte un refrigerio. Porque aprender a ser útil empieza a temprana edad. O al menos debería.

La cultura secular de las madres —lo que yo he llamado la cultura de las madres mediocres— no está de acuerdo. Las mismas personas que rechazan la idea de "educar" a los niños manifiestan el mismo rechazo a la exigencia de que ayuden. La sociedad moderna ha adoptado una perspectiva ajena a las generaciones pasadas: la noción de que la infancia requiere una completa libertad de responsabilidades por la sencilla (aunque equivocada) razón de que los pequeños seres humanos no son capaces de asumir ninguna responsabilidad.

Es una conclusión que perjudica a nuestros hijos y a quienes los rodean. Mi querida amiga, que es una increíble madre de doce hijos —y cuyos hijos son de los más amables, atentos y divertidos que he conocido—, ha sido incluso acusada de tener más hijos por el solo hecho de poder tener más "mano de obra esclava". Por supuesto, lo irónico de tal acusación es que se trata de las mismas personas que afirman que los niños son unos vagos sin remedio. Al menos tienen un poco de razón. Sin embargo, los niños no son inútiles, y cualquier persona pensante sabe que cuantos más hijos tenemos, más desorden tenemos también. Tener más hijos no aumenta en absoluto nuestras posibilidades de tener un hogar ordenado.

A menos, claro está, que estemos dispuestas a trabajar para enseñarles a ser útiles.

Con demasiada frecuencia, nuestras frustraciones en este ámbito proceden de una forma paradójica de pereza que a veces he estado tentada a adoptar. Es algo así como "limpiar con niños es una tortura. Yo misma podría hacerlo mucho más rápido. Mejor los pongo a ver dibujitos animados y lo hago yo". Hay veces, sobre todo con niños pequeños, en que esta es la única manera de recoger los juguetes de la sala antes que entren nuestros suegros, y está bien, pero cuando se convierte en hábito, tenemos un problema.

La madre excelente en Cristo reconoce que, aunque dejar que sus hijos jueguen y sean pequeños es importante, eludir su responsabilidad de enseñarles habilidades y actitudes que les serán útiles a ellos y a los demás a medida que crecen es un error. Sí, lo he dicho.

Formar a la próxima generación de ayudantes puede parecer, al principio, como si te hicieran una endodoncia mientras haces gárgaras con alcohol antiséptico, pero los beneficios —para ellos, para ti y para los demás— son múltiples. No solo eso, sino que tener hijos acostumbrados a abrirles la puerta a los demás, recoger la mesa después de cenar y hacer la importantísima pregunta "¿puedo ayudar en algo?" brindará oportunidades para testificar acerca del evangelio. Cuando nuestros hijos bendicen a los miembros de nuestra comunidad con su consideración, y esas personas comentan o hacen preguntas, siempre podemos dar la gloria a Dios. "Nosotros le amamos a él, porque él nos amó primero" (1 Juan 4:19), ¿recuerdas?

Por supuesto, en términos prácticos, cuando nos dedicamos a la enseñanza y la formación de nuestros hijos, también cosechamos los beneficios.

"Muchas manos hacen el trabajo más liviano"

Hace años, cuando mi hijo mayor tenía apenas unos diez años, cada noche yo caía en la cama en un estado de completo agotamiento y desánimo. Mi madre seguía viniendo dos veces por semana para la escolarización en casa, pero hacía tiempo que habíamos dejado de contratar a nuestra vecina para que nos ayudara con la limpieza. Los niños y yo hacíamos un buen trabajo durante el día, pero al final, después de la escolarización en casa, la enseñanza bíblica, cambiar pañales y preparar la cena, quedaba agotada. Y, con todo y eso, los platos seguían esperando en el fregadero y las migas no se iban mágicamente a la basura.

Shaun y los niños no se daban cuenta de mi gran necesidad, porque a menudo veíamos un programa juntos por las tardes y, aunque yo podía ver la televisión desde la cocina, me daban la espalda mientras fregaba las sartenes y barría el suelo. Finalmente, una noche le conté a mi marido lo mucho que me costaba seguir adelante hasta el final del día. Y tal como hizo con el sistema de recompensas de monedas, respondió con sabiduría práctica.

Propuso que estableciéramos un periodo de limpieza familiar nocturna. Distribuiríamos las tareas de forma adecuada para cada edad y, a continuación, pondríamos un cronómetro y manos a la obra. Así nació nuestra "rutina nocturna". Ya había establecido un sistema similar para la mañana, pero nunca se me había ocurrido que "muchas manos hacen el trabajo más liviano" sería aún más aplicable al final del día, cuando necesitaba más ayuda. Tal vez fuera porque no quería que mis hijos tuvieran que hacer "demasiado" o porque, una vez más, me estaba aferrando a una idea poco realista de que "debería" ser capaz de hacerlo sin ayuda de nadie.

Fuera cual fuera el motivo, nuestra rutina nocturna me quitó un gran peso de encima. Lo que habría sido un esfuerzo de una hora al final de todo un día se convirtió en una sesión de media hora de limpieza todos juntos. No solo conseguíamos más con más manos, sino que nos divertíamos mucho más: poníamos música a todo volumen, cantábamos y bailábamos mientras trabajábamos. Y, en el proceso, transmitíamos varias cosas a nuestros hijos:

1. Si contribuyes al desorden, contribuyes a la limpieza.
2. Eres capaz de aprender nuevas habilidades y hacerlas con excelencia. (Cuando mis dos hijos mayores aprendieron a doblar toallas, lloraron. Literalmente. Cuando Evy y Nola empezaron a descargar el lavavajillas a los cinco años, estaban convencidas de que era un trabajo demasiado pesado para ellas. Cuando Theo aprendió a guardar la ropa en su habitación, pensó que se moriría del peso de tan duro trabajo. Aviso: Todos siguen vivos, y ninguno de ellos piensa ahora que la carga del trabajo sea pesada).
3. La contribución de cada uno de ustedes es valiosa e importante para nuestra familia.
4. Ayudar es divertido.

Bendecidos para ser de bendición

Enseñar a nuestros hijos a ser útiles encierra las mismas verdades que para los adultos. Son bendecidos para ser de bendición, y aunque la mayoría de las oportunidades para ello comenzarán en el propio hogar, ese comportamiento se desbordará y alcanzará la vida de otros también. Los niños de la familia que nos invitó a almorzar después de mi mañana "terrible, horrible, nada buena, muy mala" fueron de bendición tanto como sus padres al entretener a mis pequeños, limpiar los desastres que hacían y ayudarme a llevar a los bebés a la furgoneta cuando me fui. Está claro que estaban aprendiendo la lección correcta sobre cómo ayudar en casa.

Así que volviendo a la pregunta que me hacen a menudo: "¿tienes ayuda?". Sí, hay personas que me ayudan. Tengo a mi madre, a mi marido, a mis hijos, a mis amigos de la iglesia y a la hija de mi vecina, a la que contraté para que cuidara de mis tres hijos más pequeños unas horas a la semana mientras terminaba este libro. Para cuando leas esto, puede que hayamos vuelto a contratar a alguien para que nos ayude con la limpieza. Es un debate constante, especialmente durante las semanas en las que nuestras rutinas de limpieza matutina y vespertina se ven alteradas y los inodoros adquieren un aspecto mugriento.

No es ninguna vergüenza recibir ayuda. Y es una gran alegría ayudar a otros. No era bueno que Adán hiciera su trabajo solo. Y tampoco es bueno para nosotras. Así que la próxima vez que alguien te ofrezca ayuda, responde con un rotundo "¡Sí! ¡Gracias!". Y luego ofrécete a ayudar a la siguiente persona que veas necesitada. Te sorprenderá la diferencia que significará para tu vida y la de ella.

EL RETO

MADRE MEDIOCRE	MADRE EXCELENTE EN CRISTO
Es demasiado orgullosa para aceptar ayuda.	Es lo suficientemente humilde como para admitir su debilidad.
Se regodea en la derrota y el agobio.	Se regocija en el "ida y vuelta" de ser útil.
Considera a los niños un obstáculo para la productividad.	Considera a los niños recursos valiosos.

PASOS A SEGUIR

- Memoriza y medita en Gálatas 6:2: "Sobrellevad los unos las cargas de los otros, y cumplid así la ley de Cristo".
- Escribe una lista de áreas en las que necesitas ayuda y áreas en las que podrías ofrecer ayuda.
- Haz un plan para animar y permitir que tus hijos ayuden en casa de forma significativa, aunque al principio resulte incómodo.

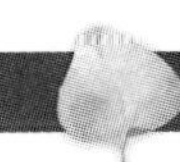

PREGUNTAS PARA LA REFLEXIÓN PERSONAL

¿Por qué a veces me siento culpable por pedir o aceptar ayuda?

¿Cómo puedo "sobrellevar las cargas de los otros" esta semana?

¿Cómo puedo transmitir valor y dignidad a mis hijos al permitir que me bendigan con su ayuda?

ORACIÓN

Señor, nos has prometido que nunca nos desampararás ni nos dejarás (Hebreos 13:5) y, sin embargo, a menudo actuamos como si tuviéramos que hacerlo todo solas. Enséñanos a ver la profunda alegría que hay tanto en ofrecer ayuda como en permitir que otros nos ayuden.

17

LAS EMOCIONES NO SON NUESTRA VERDAD

Por qué rodearse de personas que dicen la verdad es esencial para ser madres bíblicas

Sabía que quería terminar este libro con un capítulo sobre la importancia de no quedarte sola en tu rol de madre. En la introducción, me ofrecí a ser tu instructora de entrenamiento, tu animadora y tu amiga, y espero haberlo cumplido al menos en parte.

Sin embargo, tú y yo probablemente nunca nos conoceremos de este lado del cielo. Y, como hemos visto en el capítulo anterior, la comunidad es vital para mantenernos en pie cuando tenemos dificultades y necesitamos ayuda. La comunidad también es vital cuando podemos estar bien físicamente pero nos sentimos emocionalmente mal, o cuando vemos a una amiga en las mismas condiciones.

Las circunstancias no determinan la verdad

Las emociones, especialmente para las mujeres, son una de las cosas más beneficiosas y, a la vez, más perjudiciales del mundo. Las emociones nos ayudan a sobrellevar las largas noches de lactancia de nuestros bebés (porque nos sentimos felices cuando abrazamos sus tiernos cuerpitos). Las emociones también nos hacen querer tirar la toalla, en sentido figurado, cuando descubrimos que alguien ha vuelto, literalmente, a tirar las toallas por todo el piso del baño y ni se ha molestado en recogerlas (porque nos sentimos personalmente ofendidas por la incapacidad de nuestra familia de valorar una casa limpia tanto como nosotras).

Y, sobre todo, las emociones cabalgan sobre la carroza de las circunstancias y dependen, en gran medida, de cuántos baches haya en el camino. Cuando la vida es fácil, nuestras emociones declaran: "¡Así me gusta! Así es como tiene que ser. Esto es justo y bueno". Pero cuando la vida es dura, reclaman: "¡Oye, espera! Yo no firmé para pasar por esta situación. Esto es injusto y malo".

Me encantaría poder decir que cada vez simplifico más las cosas, pero no es así. El día antes de escribir estas palabras, me sentía herida por algo que mi marido *no* había dicho. (Sí, leíste bien). Pasé buena parte del día intentando distraerme de mis propias emociones. Salimos en su camioneta para pasar un tiempo de pareja, pero no lograba estar de buen humor para nuestra salida, porque él no había respondido todavía al elefante emocional que había en la habitación. Mis circunstancias no "permitían" que mis emociones se relajaran. Y entonces me dijo justo lo que yo estaba esperando y, al instante, la nube de tensión, confusión e ira se disipó.

No soy una persona muy emocional. Solo porque estaba implicado mi marido, y era algo profundamente importante para mí, me había afectado tanto. Sin embargo, el hecho es que hasta que no se "rectificaron" mis circunstancias, no me sentí mejor.

Las arenas movedizas de los sentimientos

No somos robots. Así que la realidad de que nuestros sentimientos y nuestras circunstancias están intrincadamente entrelazados no debería sorprender a nadie. Ya hemos establecido el hecho de que Jesús se entristecía en respuesta a circunstancias tristes. Todo el mundo sabe que el versículo más corto de la Biblia es "Jesús lloró", y sus lágrimas no eran de felicidad.

La dificultad surge cuando, en lugar de reconocer que algunas emociones son legítimas y justificadas, mientras que otras están alimentadas por las hormonas, la falta de sueño o haber visto recientemente la película *Magnolias de acero*, insistimos en que nuestros sentimientos son nuestra "verdad".

"Siento, luego existo" es, en el mejor de los casos, una declaración engañosa. Al fin y al cabo, si estamos enojadas, ¿eso nos define? La misma pregunta se aplica al miedo, los celos, la tristeza o incluso la felicidad. ¿Qué ocurre cuando nuestros sentimientos cambian de repente?

Sin embargo, de manera aterradora, en la cultura moderna, los sentimientos son el principal determinante de lo que creemos, de cómo elegimos nuestras carreras, del número de hijos que tenemos, de cómo los educamos, de si somos fieles en nuestro matrimonio, del género con el que nos "identificamos", y así en todo.

El lema "Si te hace sentir bien, hazlo" existe desde hace mucho tiempo, pero últimamente, "Si te hace sentir mal, no lo hagas" podría estar liderando el eslogan subconsciente de estos días. Se trata de una consideración que nos hace pensar, cuando gran parte de la labor de madres consiste en hacer cosas porque son correctas, incluso cuando "nos hagan sentir mal" (dar a luz a nuestros hijos, levantarnos durante la noche para alimentarlos, hacer comida nutritiva cuando estamos cansadas, dar un abrazo cuando estamos experimentando un "agotamiento emocional", por nombrar solo algunas). La recompensa hace que valga la pena el sufrimiento, pero ¿cómo vamos a descubrirlo por nosotras mismas si estamos tan ocupadas en evitar el malestar emocional y físico, y nunca lo intentamos?

La cultura de las madres mediocres declara: "Todos los sentimientos son válidos". Esto significa que, si nos despertamos mal, no estamos obligadas a "ser adultas". Nuestros hijos solo recibirán lo que podamos darles en cada momento del día, y eso está bien.

En realidad, no es así.

Nuestros hijos merecen saber que incluso cuando mamá tiene problemas, incluso cuando se siente cansada o abrumada, hará un esfuerzo por el bien de ellos. Escúchenme todas: No estoy diciendo que "un esfuerzo" en los días cuando no estamos en nuestro mejor momento tenga que parecerse a hacer tarta casera y manualidades. En realidad, no digo que ningún día tenga que ser así. Para nuestra familia, los días en que estoy haciendo "un esfuerzo" se parecen a leer libros en voz alta, pasar tiempo al aire libre, ver un programa sobre la naturaleza juntos en el sofá y cenar pollo asado y fruta. Conocer nuestros límites es saludable. Ir

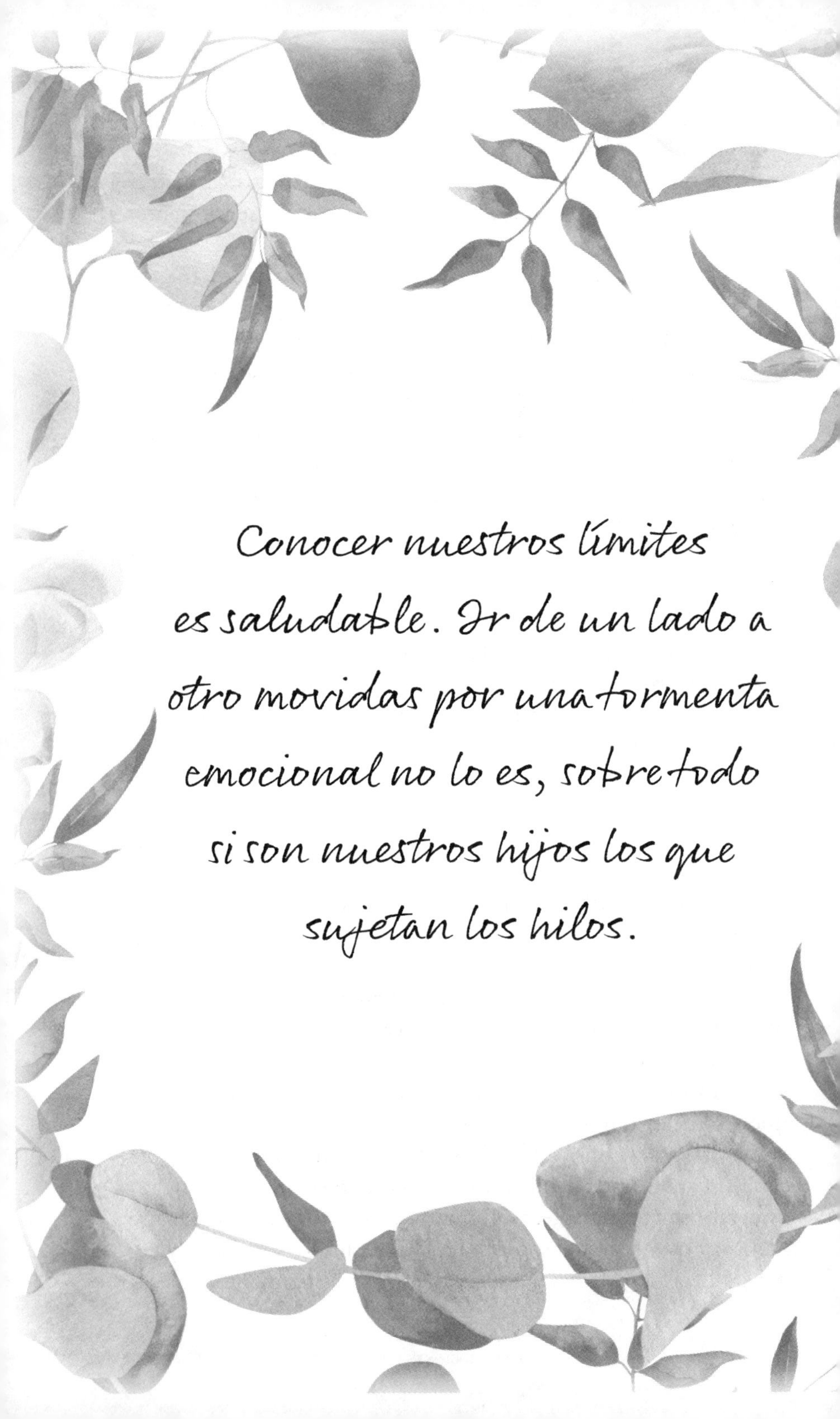

Conocer nuestros límites
es saludable. Ir de un lado a
otro movidas por una tormenta
emocional no lo es, sobre todo
si son nuestros hijos los que
sujetan los hilos.

de un lado a otro movidas por una tormenta emocional no lo es, sobre todo si son nuestros hijos los que sujetan los hilos.

Demos gracias en todo (incluso en Internet)

Escribí cada parte de este libro en el año de nuestro Señor 2020, el año que quedará grabado para siempre en nuestra memoria colectiva como uno de los peores de la historia reciente. Y se recordará claramente, como tal, gracias al fenómeno de las redes sociales. Nada cimentó más el destino de 2020 como un año de miedo y aversión más que la capacidad de todo el mundo de entrar a Internet y quejarse de ello.

Y ninguna sesión de protestas en las redes sociales ejemplificó tan bien para mí el problema de permitir que nuestras emociones se desborden como una que encontré sobre cómo preparar la cena. Esta persona ya estaba harta de la cena. Si la cena fuera una persona, le hubiera dado un puñetazo en la nariz. Debido a la cuarentena, había estado preparando la cena durante unas quince noches seguidas, y ya estaba totalmente harta. Decidió que su familia comiera lo que pudiera. Ella tendría una "cena de vino".

El propio *post* estaba escrito con una perfecta mezcla de exasperación y farsa. Era un *post* divertido. O al menos lo habría sido si no fuera por las miles de mujeres que comentaron que se sentían totalmente abatidas por tener que preparar la cena para su familia cada noche. Parecía que muchas lo veían como una verdadera dificultad; pero, sobre todo, creo que, para la mayoría, la tarea constante de elaborar algo para cenar cuando estaban acostumbradas a comer afuera o pedir comida a domicilio era una metáfora de lo trastornadas que se sentían como consecuencia del COVID-19 y sus medidas de confinamiento.

No podían ir a trabajar. Sus hijos estaban todo el tiempo a su alrededor, pidiéndoles la merienda, necesitando ayuda con sus tareas de educación a distancia, exigiéndoles cosas. Las habían despojado de su tiempo "personal" y de su comunidad. Así que recurrían a Internet en busca de consuelo y conmiseración.

Y pobre de aquella persona que tuviera la osadía de insinuar a este grupo de autoproclamadas cristianas descontentas, que preparar la cena para sus familias podría considerarse un acto de adoración, según Romanos 12:1.

En contraste, no vi esta reacción en los mensajes cristianos genuinamente bíblicos de las redes sociales. Había un reconocimiento de que nuestras circunstancias actuales no eran las ideales, pero también había un llamado a buscar lo bueno, a salir de nosotras mismas y prestar atención a los que estaban soportando una angustia legítima, y sí, a dar gracias en todo (1 Tesalonicenses 5:18).

"Dad gracias en todo" (1 Tesalonicenses 5:18).

¡Qué perspectiva tan verdaderamente radical! De hecho, tan radical que a menudo veía a personas, que hacían intentos razonables de animar a otros a fijar su mirada en Cristo, que se las tildaba de "insensibles". En lugar de recordar todas las cosas buenas que a menudo derivan del sufrimiento (sí, incluso el sufrimiento de la preparación de la cena cada noche), muchas mujeres querían permanecer en lo más profundo de sus sentimientos y revolcarse lujuriosamente en una "zona libre de vergüenza" que el *post* de la "cena de vino" asignaba como su rincón de Internet.

La Biblia deja claro que debemos aferrarnos a Jesús en nuestra aflicción. Y es difícil hacerlo cuando nuestras amistades y las personas que "seguimos" en el mundo de las redes sociales nos dan permiso constante para desesperarnos y quejarnos.

No me malinterpreten: 2020 fue duro. Para algunas personas, fue devastador. Sin embargo, la Biblia deja claro que debemos aferrarnos a Jesús en nuestra aflicción. Y es difícil hacerlo cuando nuestras amistades y las personas que "seguimos" en el mundo de las redes sociales nos dan permiso constante para desesperarnos y quejarnos.

A quién seguimos importa

Por eso es tan importante —de hecho, nos cambia la vida— elegir sabiamente a nuestras amistades e influencias.

Mi mejor amiga, Lindsay, es una fuente constante de aliento y vida para mí. Ella es exactamente la influencia aguda de la que habla Proverbios 27:17. Hemos caminado por los senderos cercanos a nuestro gimnasio durante incontables horas a lo largo de los años, con varias combinaciones de bebés en cochecitos o amarrados a nuestro pecho, y las conversaciones con ella siempre afinan mis convicciones y centran mis prioridades. Después de estar en su compañía, me siento renovada, recargada y con un deseo redoblado de seguir a Jesús. Puedo decir lo mismo, en mayor o menor grado, de al menos una docena de otras mujeres en mi vida actual; pero, como he dicho antes, no siempre ha sido así. He orado mucho para tener amistades llenas de verdad, convicción y esperanza. Y oré para que se me permitiera llevar esas cualidades a otras también.

El Señor respondió mis oraciones, por lo que estoy muy agradecida, pero todavía tengo que examinar continuamente las voces que permito que hablen a mi vida, junto con las posturas que asumo en línea y en casa, para determinar si estoy alineada con el mundo o con Cristo.

Como señala 1 Juan 4:1: "Amados, no creáis a todo espíritu, sino probad los espíritus si son de Dios; porque muchos falsos profetas han salido por el mundo".

Nosotras, como mamás cristianas, renunciamos a todo lo que empuje nuestro corazón hacia la mediocridad que prefiere la facilidad y la comodidad por encima de la excelencia de tomar nuestra cruz y seguir a Cristo.

Esto significa que nosotras, como mamás cristianas, renunciamos a todo lo que empuje nuestro corazón hacia la mediocridad que prefiere la facilidad y la comodidad por encima de la excelencia de tomar nuestra cruz y seguir a Cristo. Es posible que algunas amistades, libros y relatos —incluso los que dicen ser cristianos— no superen esta prueba. Ciertamente, cualquier consejo que nos impulse hacia la autoindulgencia o hacia una actitud pretenciosa que nos lleve a reclamar nuestros derechos es sospechoso. Cuando tener una convicción piadosa y el deseo de enfocarnos en lo bueno que el Señor está haciendo se tilda de "vergonzoso" y se deja de lado en favor de la autocompasión colectiva, tengamos cuidado. Puede que al principio sintamos ganas de desahogarnos, pero pronto estaremos sumidas en la insatisfacción y el resentimiento si fijamos nuestros ojos en cualquier cosa que no sea Jesús, el Autor y Consumador de nuestra fe.

Una amiga en línea una vez publicó estas palabras en referencia a los días que parecían interminables como madre de sus pequeños, y su mensaje resume perfectamente la lucha de numerosas madres jóvenes: "Me di cuenta de que había estado leyendo los libros equivocados y envidiando las cuentas de Instagram equivocadas. Mi desdicha buscaba su compañía, y la estaba buscando más de lo que buscaba al Señor".

A todas nos convendría adoptar esta actitud de autoconciencia, pero inevitablemente habrá quien se aferre a su "derecho a vivir destruida" como madre y nunca llegue a la convicción de dar gracias en todo. Sin embargo, la Biblia tiene noticias emocionantes para quien tenga oídos para oír. Amigas, si estamos en Cristo, ¡somos nuevas criaturas!; "las cosas viejas pasaron; he aquí todas son hechas nuevas" (2 Corintios 5:17). No tenemos que esclavizarnos a la suposición de nuestra cultura de que "sobrevivir" mientras criamos a nuestros hijos implica una dieta diaria de vino y café o que Netflix y las compras en las tiendas de descuento son los únicos mecanismos de supervivencia disponibles para la mamá moderna. (Como alguien que no bebe vino ni café, no tiene Netflix y no suele comprar en las tiendas de descuento, estoy agradecida de que Jesús sea mejor o estaría hundida).

La Biblia es más poderosa que cualquier otra influencia

Tampoco tenemos que someternos a la tiranía de nuestras emociones. Independientemente de nuestras circunstancias,

Si alguno está en Cristo, nueva criatura es.

2 Corintios 5:17

podemos elegir ser madres excelentes con Cristo a nuestro lado y —si Dios quiere— con otras mujeres piadosas a nuestro lado también. Si pudiera garantizarte que vas a adquirir alguna sabiduría de este libro, sería que la Palabra de Dios es capaz de cambiar vidas. Es viva, eficaz y más cortante que cualquier espada de dos filos. Puede incluso penetrar hasta lo más profundo del alma y del espíritu, hasta la médula de los huesos. Y puede incluso discernir los pensamientos y las intenciones del corazón. No obstante, esa sabiduría está fácilmente disponible en Hebreos 4:12, así que ¿para qué me necesitas? Tal vez para esto: para recordarte que ninguna otra fuente de conocimiento, comprensión o consuelo durará más, producirá un cambio más práctico o proporcionará una esperanza verdadera como las Escrituras. Sin la Biblia, estamos verdaderamente hundidas.

Sin embargo, no podemos participar de sus beneficios si no la leemos. No podemos predicar la Verdad que calma nuestras emociones rebeldes si no la memorizamos. Y no podemos animarnos unas a otras a buscar la bondad de Dios si antes no hemos meditado en su Palabra.

Es sumamente difícil ir contracorriente de la cultura de las madres mediocres tan prevalente en nuestra sociedad. Propongo que formemos una hermandad de mamás creyentes en la Biblia, que declaren la verdad y se nieguen a conformarse con las cosas como están en este mundo. Que proclamen con valentía que ser madre es una vocación, no una concesión. Que se manifiesten en contra de la cultura de las madres mediocres porque ser madres excelentes en Cristo es radicalismo en su forma más santificadora y conmovedora para el alma.

No suelo ser muy rebelde, pero con gusto encabezaré una manifestación en contra de una perspectiva de las madres que despoja a las mujeres de esperanza y presenta a los hijos como una carga. Cristo nos ha hecho libres para vivir en libertad. Su obra en la cruz ha ganado la guerra, pero sigue siendo una batalla diaria ver nuestro rol como madres —y a nuestros hijos— con los ojos de Jesús. Estoy segura de que valdrá la pena, y me encantaría que te unieras a mí en este esfuerzo.

EL RETO

MADRE MEDIOCRE	MADRE EXCELENTE EN CRISTO
Toma las decisiones de su vida basada en las emociones.	Toma las decisiones de su vida basada en la Palabra de Dios.
Cree que todas las emociones son válidas.	Sabe que los sentimientos pueden ser engañosos.
Le molesta que la animen a dar gracias en todo.	Acepta la oportunidad de dar gracias en todo.
Se rodea de mujeres que se quejan.	Se rodea de mujeres piadosas que se animen unas a otras.

PASOS A SEGUIR

- Memoriza y medita en Jeremías 17:9: "Engañoso es el corazón más que todas las cosas, y perverso; ¿quién lo conocerá?".
- Evalúa las influencias que permites que tengan voz en tu vida. ¿Hablan la verdad del evangelio o el vacío "evangelio" de los sentimientos?
- Comprométete a contrarrestar tus emociones con la guía de las Escrituras. Llevar un diario personal es una buena manera de hacerlo.

PREGUNTAS PARA LA REFLEXIÓN PERSONAL

¿Cómo permito que mis circunstancias dicten mis emociones?

¿A quién debo acudir en busca de verdad y aliento en Cristo?

¿Por qué las palabras que animan a "seguir tu corazón" son huecas?

ORACIÓN

Señor, sabemos que experimentaste toda la gama de emociones humanas cuando estuviste en esta tierra. Y, sin embargo, no pecaste. Ayúdanos a seguir tu ejemplo, a someter nuestras emociones al señorío de Jesucristo y a rodearnos de hermanas piadosas que hagan lo mismo.

RECONOCIMIENTOS

No puedo dejar de escribir hasta que agradezca la colaboración de algunas personas, sin las cuales este libro no existiría en su forma final o sería considerablemente menos agradable.

Jennifer, gracias por corregir cada renglón de cada uno de los capítulos y por tolerar la incapacidad total de una autoproclamada amante de la gramática para recordar cómo utilizar correctamente los guiones o los dos puntos. Tus sugerencias, tu perspicacia y, sí, tu experiencia con los guiones han sido de un valor incalculable, al igual que tu amistad.

Lindsay, supe que quería que ilustraras la edición de este libro en inglés, desde el momento en que se hizo realidad. Ser tu amiga y tu socia ha sido uno de los mayores privilegios de mi vida. Tu talento me asombra. Y tu corazón aún más.

Mamá, tú eres la razón principal de la existencia de este libro. Tu ejemplo inquebrantable de paciencia, servicio, sabiduría práctica, valentía y confianza en el Señor me han enseñado más de lo que puedo expresar. Eres realmente la mejor.

Ezra, Simon, Della, Evy, Nola, Theo, Honor, Shiloh, Titus y Tobias, doy gracias a Dios cada día por habérmelos confiado para que los ame, les enseñe y los proteja para su reino. Ser su mamá es lo que más me gusta, y nunca me cansaré de ello. Los amo.

Shaun (también conocido como Alby), eres el mejor animador, consejero, redactor de frases, padre, proveedor y marido que una madre que escolariza a sus hijos en casa convertida en autora podría soñar. Además, eres mi galán. Lo cual puede parecer irrelevante, pero no lo es en absoluto.

NOTAS

1. Brené Brown, "In You Must Go: Harnessing the Force by Owning Our Stories", Blog de Brené Brown, 4 de mayo de 2018.
2. Oswald Chambers, *En pos de lo supremo*, edición actualizada (Terrassa: Editorial CLIE, 1993), devocional del 15 de noviembre, "¿A ti qué?".
3. Devocional, "Into His Life's Work at Last", GeorgeMuller.org, 9 de agosto de 2018.
4. Sarah MacKenzie, "RAR #132: Books for Teens, and Why YA Is a Genre (Not a Reading Level)", *Read Aloud Revival* (pódcast), 8 de julio de 2019.
5. Brian Scudamore, "The Truth About Smartphone Addiction, and How to Beat It", *Forbes*, 30 de octubre de 2018.
6. Amelia Edelman, "Why Ali Wentworth Watches Porn with Her Kids", *She Knows*, 10 de julio de 2020.

ACERCA DE LA AUTORA

Hola a todos. Soy una profesora de idiomas/inglés/ESL, que estudió en casa y se especializó en inglés y español, así que me encanta hablar y leer buenos libros.

En la actualidad, me dedico a escolarizar en casa a mi equipo de diez niños maravillosos, cuyas edades oscilan entre los dieciocho meses y los casi dieciséis años (en el momento de la publicación de este libro). Tenemos dos pares de gemelos idénticos —un par de niñas gemelas y otro de niños gemelos— *y* (dato curioso) ¡nacieron exactamente el mismo día con ocho años de diferencia! Para una muchacha que nunca planeó tener diez hijos y que pidió específicamente a Dios que le diera los hijos que tenía en mente de uno en uno (¡ja!), se podría pensar que esta realidad diaria de limpiar traseros sucios, corregir actitudes, cortar el pelo, corregir problemas de álgebra, hacer mandados y preparar la cena es demasiado.

Y ciertamente lo es en el mejor de los sentidos, pero también puedo mirar atrás y ver que Dios me estaba preparando para "un momento como este" mucho antes que tuviéramos a nuestro primogénito, nueve días antes de nuestro primer aniversario, y su gracia es el hilo que sigue tejiendo nuestra familia cada día.

Cuando no estoy ocupada como mamá, doy clases de gimnasia, escribo en www.misformama.net (y @m.is.for.mama en las redes sociales), recibo invitados en casa o empapelo alguna pared. Mi marido, Shaun, y yo hemos diseñado y construido dos casas desde cero, ambas con menos conflictos matrimoniales de lo que la mayoría de la gente pensaría (¡nos *gusta* trabajar juntos!).

También soy una ferviente defensora de la infalibilidad de las Escrituras y me encanta animar a las mujeres a contrarrestar todas las tendencias de la cultura con la verdad que es Jesús y su Santa Palabra, la Biblia.

Me gustaría que pudiéramos tomar una taza de chocolate caliente juntas (nada de café para mí, gracias), pero como no podemos, espero que cobres aliento en el Señor con las cosas que Él me ha enseñado y que he dado a conocer en este libro.

Bienvenida a la hermandad de las madres excelentes en Cristo (por la gracia de Dios).